街場の身体論

たくましく生き抜く
身体と心と知恵を
身につける

内田樹
成瀬雅春

X-Knowledge

新版のためのまえがき

みなさん、こんにちは。内田樹《うちだたつる》です。

『街場の身体論』というタイトル、なんだか既視感がありますがこれが初出です。とはいえ、みなさん、ご注意下さいね。これは2011年にマキノ出版から出た成瀬雅《なるせまさ》春《はる》先生と僕の対談本『身体で考える。』の復刻なんです。

うっかり「おお、二人の新しい対談本が出た」と勘違いして買ってしまってから、「あ、これはタイトルだけ変えて、中身は既読ではないか」と天を仰いで歯噛みするということがないように、ここで声を大にしてご注意を申し上げておきます。

でも、まったく同じ本ではないんです。復刻ですから、せっかくだから「ボーナストラック」を付けましょうということで、久しぶりに成瀬先生と五反田《ごたんだ》のヨガ道場でお話をしました。それが最後に「おまけ」として付いています。
久しぶりにお会いする成瀬先生はぜんぜんお変わりなくて、飄々と、笑顔で、驚くべき話をいろいろ聞かせてくれました。ほんとうに不思議な方です。僕はもうずいぶん前から成瀬先生とは何度もお会いして、長い時間お話をうかがってきましたが、先生がどれほどのスケールの人間なのかは今もまったく見当がつきません。「だいたいこんな感じの人かな」と思って、気持ちを片づけようとすると、そういう思い込みのはるか斜め上をゆくようなことをされるんです。ですから、ある時期から成瀬先生のことは「もうわからない」と腹を括ることにしました。

わからないのは、どうして成瀬先生が「僕なんか」と対談してくれるのか、ということです。成瀬先生と比較してどうこう言うのも恥ずかしい限りですが、僕はほんとうに「凡人」なんですから。

もともと虚弱児だったので、身体能力はすごく低いんです。走るのも遅いし、もちろん「さかあがり」もできない子どもでした。それでも多田宏《ただひろし》先生（合気道《あいきどう》会師範。合気道9段）に就《つ》いて合気道は今年で稽古《けいこ》を始めて49年になります。自分で門人もたくさん育てましたから、「よく続けた」ということは言えると思います。それでも、武道家としては「凡庸」という以外に形容のしようがありません。

でも、悪いことがあればいいこともあります。

凡庸であるがゆえに、自分が獲得してきた技術や知識については、ひとつひとつだいたい言葉にできるということです。小さい頃からずっと「どうして君はこれができないの?」と「ふつうの人」に驚かれ続けてきたので、それが「できる」ようになるまで1ミリずつ這《は》うようにして進んだプロセスについてはかなり精密に言語化し、プログラム化することができます。だから、下手な人がどうして下手なのかはわかるし、そのロックを解除するのはわりと得意なんです。

もう一つ、僕に武道家として恵まれた資質があるとすれば、それは「わがまま」ということです。僕の身体はすごく「わがまま」なんです。もともと弱いから無理が効かない。痛みに耐えてまでして身体に負荷をかけ続けるということができないんです。だから、どうやってこの痛みや不快から逃れるかを必死に工夫する。そうやって稽古していたら、いつの間にか「痛みや不快」の予兆が接近してきただけで、「いやな感じ」がして、それを回避する行動をとれるようになってきました。

自分にとって「よくないもの」が接近してくると、アラームがけたたましく鳴動して、耐え難い。だから、ノイズが少しでも鎮まるような場所に移動して、ノイズが鎮まるように身体を使う。この術理は「強い武道家」にはたぶんあまり開発する必要が感じられないものだと思います。強い人は多少の不快なんか軽く踏み潰して相手を倒せますからね。

弱さの取り柄というものもあるんです。ですから、「弱い武道家」というのが僕の立ち位置です。さすがに「私は弱い」ということを看板に掲げている武道家は日本にはあまりいないんじゃないかと思います。

でも、この立ち位置は決してそれほど居心地の悪いものじゃないんです。その視点からしか見えないものがあり、語れないことがあるんですから。僕はそれを見て、それを語ることで、ふつうなら足がすくんで武道の道場に入門なんかできそうもない人たちを武道の世界に誘いました。僕の本を読んで武道を始めたという人たちにはずいぶんたくさんお会いしました。武道の裾野を広げたということについては、僕はそこそこ貢献を果たしたと思います。

成瀬先生が僕を話相手に選んでくださったのも、たぶんそのせいだと思います。才能のない人間が自分の身体をどんなふうに作り上げるのか、弱い人間はどうやって負荷を軽減するのかといった身体事実についての「インフォーマント」としてなら僕はたしかに「余人を以ては代え難い存在」なんですから。

以上でまえおきはおしまいです。ですからどうぞ、以下の頁を「天才と凡人の対話」

という視点からお読みください。そうやって読むとたぶんとてもおもしろい本だと思います。

最後になりましたが、13年前の本を発掘して復刻してくださったエクスナレッジの加藤紳一郎さんとライターの片岡理恵さん、いつも変わらぬ温顔で僕の話に付き合ってくださる成瀬雅春先生にお礼を申し上げます。

2024年8月

内田樹

まえがき——地殻変動的な潮目の変わり目のときに

みなさん、こんにちは。内田 樹です。この本は成瀬雅春先生と僕との数回にわたる対談を編集したものです。

成瀬先生が本書の「あとがき」で紹介してくださったように、成瀬先生に初めてお会いしたのは、もう20年近く前のことになります。西宮《にしのみや》北口駅近くの小さな教会で「倍音声明《ばいおんしょうみょう》」のワークショップがあることを知り、会場が大学から歩いて行けるところでしたので、当時創部したばかりの合気道会の学生たち数人を引き連れて参加しました。

それ以前から、倍音声明という声を出す瞑想法《めいそうほう》があることは、合気道自由《じゆう》が丘《おか》道場の笹本《ささもと》猛《たけし》先輩から教えていただいておりましたし、『空中浮揚《くうちゅうふよう》』をはじめとする成瀬先生の著作も研究室の書架に並べておりました。ですから、間近に生の成瀬先生を見ることができるというので、わくわくしながら教会に向かったのを覚えています。

そのときの参加者は、多分20名くらいではなかったでしょうか。教会に入ると、成瀬先生はもういらしていて、主催者の方と談笑していらっしゃいました。僕らを見ると、「やあ、いらっしゃい」と歓迎してくれました。もっとミステリアスな人が地の底から響くような声を出すのでは……と勝手に想像していたので、これにも軽い驚きを覚えました。

2時間ほど続いた倍音声明のワークショップが終わって、身体が気持ちよく火照《ほて》った状態で、成瀬先生に「また関西でワークショップがあるときは教えてください」とお願いしました。その半年ほどあと、大阪で一度、もっと少ない人数でのワークショップに参加しました。こういうかたちで一年に一、二度、成瀬先生の教えを受けて、だんだんと親しくさせていただけるのかな……と思っているうちに、阪神《はんしん》・淡路《あわじ》大震災があって、「震災以前」とのつながりがあちこちで途絶えてしまいました。

あまり信じていただけないかもしれませんが、僕は人と知り合うのがすごくゆっくりなんです。自分から進んでつながりを求めるということができなくて、「ご縁」があって、思いがけないところで「やあ、またお会いしましたね」ということが、二度、三度とくり返されるうちに、「どうやら、この人とは長いつき合いになりそうだな」と感じる……というように、のんびりした段階を踏まないと、ダメなんです。その代わり、一度親しくなった人とは生涯にわたって仲よしです。

ですから、震災で成瀬先生との始まったばかりのつながりが切れてしまったときも、自分のほうから動くということはしませんでした。「ご縁があるなら、必ずどこかでまたお会いできるだろう」と気楽に構えておりました。実際、そのあと成瀬先生とのつながりは思いがけないかたちで復活しました。それは2003年に私の合気道の師である多田宏先生と成瀬先生の対談が、五反田の成瀬先生の道場で開かれたときのことです。この会場には、合気道、ヨーガ関係だけでなく、身体技法関係の聴衆が詰めかけ、会場は熱気で立錐《りっすい》の余地もないありさまでした。

対談をアレンジしたのは、両先生に久しく師事されていた笹本先輩です。笹本先輩はそもそも私を合気道自由が丘道場入門に導いた方ですから、僕はフロアでお2人の話をうかがいながら、「ああ、こういうふうにして、すべての環《わ》がつながるのか」と一人で得心していたのです。

その5年後、成瀬先生から、同じ対談シリーズのゲストとしてお声かけいただいたときにも、「はい、うかがいます」と即答しました。そして、それからかなり集中的に、いろいろなかたちで対談が断続的に行われ、気がついたら、こんなふうに一冊の本にまとまったわけです。

この対談本を手にとった方は、「アプローチ抜きで、話がいきなり本題に入る」ことにちょっと面食らわれるかもしれません。でも、それは右に述べたような事情で、最初に西宮の教会でお会いしてから15年近い「助走」の時間があったからなのです。

本書で成瀬先生と僕が話しているトピックの多くは「経験的には『そういうことってあるよね』と言えるけれど、理論的にはうまく説明がつかないこと」にかかわっています。空中浮揚とか、壁抜けとか、共感覚とか、共身体性とか、テレパシーとか、予知とか、「そういう話」ばかりです。ですから、「そういう話は非科学的なたわごとである」と思っている人には、ご縁のない本です。でも、ある現象が「うまく説明できない」ということと、「存在しない」ということはレベルの違うことだと思える人には楽しくお読みいただけると思います。

3・11の震災と原発事故のあと、日本社会の常識は大きく変わりつつあります。ビジネスマインドな世界観――数値で示せ、貨幣に換算可能なものだけが「存在するもの」であり、外形的なエビデンス（証拠）のないもの（気配とか、場の力とか、霊的感受性など）は「存在しない」とみなす科学〝主義〟的な態度――は、これから次第に支配的イデオロギーの座から転落し、それに代わって、生きる知恵と力を高めるための伝統的な技法がまた改めて研究対象になってくるでしょう。僕はその傾向をおおづかみに「日本の霊的再生」というふうに呼んでいます。

そのような地殻変動的な潮目の変わり目のときに、こういうかたちで敬愛する成瀬先生と共に「霊的再生宣言」とでも言うべき書物を刊行できた「ご縁」に改めて驚きを覚えます。

マキノ出版の高畑圭さんをはじめ、本書の刊行にご協力いただいたすべての方々に感謝いたします。みなさん、どうもありがとう。

そして、お会いするたびに、常に変わることのない温顔で、驚嘆すべき経験と叡智《えいち》を開示してくださる成瀬雅春先生に感謝申し上げます。これからもどうぞよろしくご指導ください。

2011年5月

内田樹

目次

第2章 歩行は人間性の根本を担う

第3章 ヨーガも武道も自分を知るためにある

第4章

先行き不透明な時代を生き抜く胆力

第5章
「3.11」から13年経って

装丁　田中俊輔
本文デザイン　平野智大（マイセンス）
編集協力　片岡理恵（有限会社BORIS）、若林功子
編集　加藤紳一郎（X-knowledge）
印刷　シナノ書籍印刷

第1章

人は空に浮かべるほど無限の可能性を持つ

合気道の懐の深さは肯定することにある

内田　合気道を始めて36年になります。入門は1975年、多田宏先生が主宰されていた自由が丘道場に入れていただきました。外から道場を覗《のぞ》いていたら、ドアを開けて「見学されるなら、どうぞ」と誘ってくれた先輩がいたんです。それが、その後長く兄事《けいじ》することになった笹本猛さんです。たまたまその笹本さんが、成瀬雅春先生のお弟子さんだったんですよね。

笹本さんから成瀬先生の話はよく聞いておりました。先生の『空中浮揚』（写真は262ページ）の本も読んでいまして、「いいなあ、どんな感じなんだろうなあ」と思っていました。

成瀬　こんな怪《あや》しいやつはいないと思ったんじゃないですか？（笑）

内田　（笑）いやいや。同じようなことを言ったりやったりしても、なんだか怪しい人と怪しくない人がいるじゃないですか。成瀬先生はぜんぜん怪しくない人ですよ。笹本さんは知的で誠実な方なので、そういう方が「成瀬さんはすごい」と言うのだから、「ほんとうにすごいんだろうな」と思ってました（笑）。

成瀬　笹本さんの斡旋《あっせん》で、6〜7年くらい前に僕の教室で多田先生と対談しました。それ以来なのか、その前からなのかはわかりませんが、多田先生は僕に興味を持ってくれているようですね。

内田　あの対談のときもいろいろとおもしろいお話をされていましたね。あの日は、三軸修正法《さんじくしゅうせいほう》（身体の建て付けを修正することを目的とした健康法）の池上六朗《いけがみろくろう》先生（柔道整復師。三軸自在の会主宰）もいらしていて、大変濃い空間でした。知る人ぞ知るという方が何人かいらっしゃっていました。

その帰り道で、多田先生と歩きながら、「成瀬さんって、ほんとうに浮くんですかね？」ってうかがったら、多田先生がにっこり笑って、「本人が『浮く』と言っているんだから、浮くんだろう」と言われたので（笑）、「なるほど」と思いました。

武道家にもいろいろなタイプの人がいて、自分がやっていることに誇りを持ってたらっしゃるのはいいんですけれど、他人がやっている技術に対しては懐疑的になるというか、切って捨てる人がいるんですよ。僕が知る限りでも、武道は割と「切り捨て型」の人が多いですね。ほかの武道や身体技法を見て、「わあ、おもしろそうだね」とか、「あれはよいなあ」と肯定的に言う人はなかなかいないんです。多くの人は「あれはくだらん」とか、「あんなことをやってもためにならん」とかと言うんです。

多田先生は、その点ではオープンハーテッドですね。これは合気道という武道の特殊性なのかもしれません。合気道は植芝盛平《うえしばもりへい》先生（1883〜1969年）が創始されたわけですけれど、成立過程でいろいろなものを取り込んだんです。柳生流の体術も、大東流合気柔術も、剣術も、槍《そう》術も、杖術《じょうじゅつ》も。真言密教も入っているし、もちろん大本教《おおもときょう》の出口王仁三郎《でぐちおにさぶろう》先生（大本教の実質上の教祖。1871〜1948年）の教理も入っています。

いろいろなものを寛容にどんどん取り入れていって、やりながら練り込み、作り込んでいくという感じなんですよね。

だから、植芝先生のところにお弟子さんがいろいろな情報を持ち込んできて、「先生、こんな技法がありますけど」と言ってきて使えると思うと、植芝先生自ら「うん、それをやろう」ということになるみたいです。

だから、合気道の技法はどんどん変化する。植芝先生にどの時期に就いて習ったかによって、同じ直門のお弟子さんでも、やることが全然違うんです。

合気道の鳥船《とりふね》（舟漕《ふねこ》ぎ運動）という呼吸法も、わりと近年に合気道に入ってきたもののようです。川面凡児《かわつらぼんじ》という方の古神道の禊《みそ》ぎの呼吸法を、植芝先生が「これはよいものだ」ということで採り入れたそうです。

合気道は、「いいもの」をどんどん取り入れていく。古流を大切にする武道の場合だと、そういうことはあまりしないですね。「稽古法はこうでなければならぬ」という原理主義的な部分が合気道にはない。その点ではかなり特異な武道だと思います。

多田先生も、植芝先生に入門されると同時に、中村天風《なかむらてんぷう》先生（心身統一法を広めた天風会の創始者。１８７６～１９６８年）の天風会にも入門されているし、小倉鉄樹《おぐらてつじゅ》先生（山岡鉄舟《やまおかてつしゅう》の晩年の高弟であり、禅僧。禊ぎと禅による修養団体一九会《いちく》道場の実質的な創始者。１８６５～１９４４年）が創始された一九会にも入門されているし、早稲田大学では空手部におられたので、船越義珍《ふなこしぎちん》先生（沖縄県出身の空手家。本土に初めて空手を紹介した一人であり、松濤館《しょうとうかん》流の事実上の開祖。１８６８～１９５７年）にも師事されていた。植芝盛平、中村天風、船越義珍というその時代の卓越した達人3人に同時に就いていたわけです。

「いかがでしたか?」とうかがったら、「名人・達人の言うことはだいたい同じだよ」って(笑)。言い方が違うだけで。それはそうですよね。やっていること、目指しているところは、みんな同じじゃないと困りますもの。「富士山は、どこから登っても同じ富士山」ですからね。

そういう多田先生ご自身の開放性に僕も強く影響されたんだと思います。ですから、東京を離れて関西に来たときに、いろいろ他芸も学んでみようと思って、杖道《じょうどう》や居合をやろうと思ったんです。先生に「よそで習ってもよろしいですか?」とお訊《たず》ねしたら、「どんどんやればいい」と言っていただきました。ふつうは他の武道を学ぶことに、あまりいい顔はされないんですよ。「どちらかを選べ。よそで稽古したいなら、ここを辞めて行け」と言う武道の先生だって結構いるんです。

多田先生が何かを「してはいけない」とおっしゃったことはほとんどないですね。ですから、僕も多田先生に倣《なら》って、使えるものはなんでも使う主義なんです。見たことのない体術をやっている方がいると、にじり寄っていって「何をやっているんですか?」「どうしてこうなるんですか?」と、あれこれ根掘り葉掘り聞いて、それを持ち帰って自分の道場でいろいろ稽古に活《い》かす工夫をしています。ですから、成瀬先生の「倍音声明」も20年前に教えていただいて、すぐに合気道の稽古に採り入れました。

そんな成瀬先生のような当代の達人に生きているうちにお目にかかれて、こうしてお話をうかがえるのは、僕にとってはたいへん幸運なことなんです。

限界を作らない人が伸びる

成瀬　そう言ってもらえるとうれしいですね。僕がヨーガを始めたきっかけは、小さいころの遊びです。要するに、片足立ちで遊んだり、手をついて身体を浮かしてみたり、子どもがよくやる遊びの延長です。

ヨーガ自体にひねりのポーズとかあるけれど、あれは誰かが発見・発明したものではなくて、人間なら誰もが必ず「ああ、腰がちょっとおかしいな」と思ったら腰をひねる。それが、徐々に決まった形になっていっただけのことで、それは誰でもやっていることです。

人間が生きていくうえで、行動していくうえで、身体の具合はいいほうがいい。そのために、多くの人が実践してきて、できあがったものがヨーガの一つのポーズであったり、呼吸法であったり、瞑想法《めいそうほう》であったりするだけです。

瞑想や悟《さと》りも、ヨーガの専門というわけではなくて、すべての人がやっているわけですよ。悩みが何かあると、沈思黙考でする。あれも瞑想ですね。人間が必要なことをやっているだけで、それが一つのパターンになったのがヨーガです。

だから、僕には師匠はいません。もし心臓の鼓動を止める呼吸法や空中浮揚のやり方を教えてくれる人がいれば、その人の弟子になっていたかもしれない。でも、現代には実際にはいませんでした（笑）。

あえて言えば、経典《きょうてん》が師匠です。経典には「空中浮揚ができる」「水の上を歩ける」と書いてある。『ヨーガ・スートラ』というヨーガの経典はだいたい1600年くらい前に編纂《へんさん》されたものなんですけれど、そこに書いてあるということは、1600年前の行者さんか誰かがそういうことをやっていたということでもある。だから、経典に記されたと思うんですね。

もし誰もやってなくて書いてあったら、それは小説になってしまう。小説は経典にはなりえない。聖書や仏典は小説ではないですよね。イエス・キリストが空中からパンを出したというのも、なんらかの形で出したわけです。だからこそ、経典に書かれているわけです。

ということは、ヨーガの経典を広げたとき、「空中浮揚ができる」「水の上を歩ける」と書いてあるんだから、その時代の誰かがなんらかの形でそういうことをやっていたと考えられる。本人が書いたのか、それを見た人が書いたかはわからないけれど、経典という形で残っているのは、結局、誰かができたわけです。1600年前の人ができたのであれば、現代人ができたとしても不思議じゃない。1600年前の人ができて、現代人ができないほうが、逆に不思議なわけです。

だから経典をよく読むと、こういうふうに呼吸をすると身体中に汗が出てきて、次に身体が震えてきて、最後には身体が浮くと書いてあるわけです。でも細かいテクニックは書かれていない。なぞなぞみたいなものですよね。

極意書というのは、みんなそういうものです。極意書には、右手を上げてそれから左手をどうしろとか、事細かには書かれていない。敵の刃を避けるには、まず右肩を落として、次には何をしてとか書かれていないんです。もし書かれているようならば、そんなものは極意書でもなんでもありません。

それと同じで、軽典にも事細かには書かれていないんです。でもなぞなぞみたいに、ヒントが書いてある。こういう上級の呼吸をすると身体が浮くようになる、みたいなことが書かれているわけです。

そうすると、自分が知っているさまざまな呼吸法のなかで、「上級の呼吸法って何かな?」と思い、「これかもしれない」と試す。なぞなぞですから、ヒントがあれば解けるわけです。それを解いて実行してみると、結局できてしまうんですね。

だから、そういうなぞなぞを解ける人が出てくれれば、経典に書かれたことができる人が出てくるという話です。心臓の鼓動を止める呼吸法も、経典に書いてあるからできる。

クンダリニー・ヨーガ（下腹部にあるとされる性的エネルギーを使用するヨーガ）も同じ。尾《び》てい骨から頭頂部までグーッとエネルギーを上げていくと、経典に書いてある。しかも、そのテクニックがちゃんと書いてあるんです。

その通りにやってみたら、僕はできた。ただ、インド中回っても、クンダリニー・ヨーガでエネルギーを上げている人を僕は一度も見たことがない。なんでやらないのか、かえって僕には不思議なくらいです。

空中浮揚にしても、単純に言えば、「ヨーガに携わっていたから、ヨーガの経典を読み、経典にできると書いてあるからやってみた。やってみたらできた。以上、終わり」という感じです（笑）。

内田　それは、やっぱりマインド・セット（思考様式）が、ふつうの人と全然違いますね。「こんなこと書いてあるけれどほんとうにできるのかな？　嘘《うそ》なんじゃないかな？」と思うと絶対できないですものね。

成瀬　それはそうですよ。

内田　「書いてあるから、自分にもできるかもしれない」というふうに思えるか、思えないかというところが、分岐点ですね。

昔の伝書でも、武道の達人がいて、こんなにすごいことができたという逸話《いつわ》はたくさんあります。庭の竹藪《やぶ》の上にふわりと立ったとか、柳の木の葉がはらりと落ちる間に6枚に切ったとか。そういう話を聞いて、「そんなこと、人間にできるわけがない。作り話だ」と思う人と、「できたという人がいるんだから、自分もやればできるんじゃないか」と思う人がいる。その差で、それからあと進む道が天と地ほど違ってくると思います。

僕は長年、教師として教壇に立ってきたので、学校という枠《わく》の中での話になるんですけれども、伸びる子どもというのは、自分で自分の限界を作らないんです。伸びる、伸びないの違いには、もともとの学力や才能はあまり関係ないんです。「自分はここまでの人間だ」と思っていればそこで止まるし、自分の可能性に関して、どこまでが可能性かよくわからないと思っている人は素質が爆発的に開花する可能性がある。自分の成長に制約をつけるかどうか、そのマインド・セットの違いによって、そのあとの進む道が全然違ってくる。

ですから、「君ならできる」と言われたら、僕はなんでも信じますよ(笑)。「できるよ」と言われても、それを疑ってかかる人と、「できるよ」と言われたら、そのままに素直に信じる人の違いは、先天的な資質の違いをすぐに超えてしまいますから。

多田先生も、若いころにはずいぶんいろいろなことをされていたみたいです。前にうかがったんですけれど、何かの本で「霞《かすみ》だけ食べて50年間生きた人がいる」という話を読まれたことがあった。ふつうは「そんな人間がいるはずないじゃないか」と思うけれど、先生は、どうしたら霞だけを食べて生きていられるのか、人間にはもしかすると食物を摂取する以外にもエネルギーを摂《と》り込む生理的な装置が備わっているんじゃないか、だとしたらそれはどうしたら開発できるのか……という方向に思考が展開する。

先生は何度か断食をされていますけれど、確か最初は「断食したら千里眼《せんりがん》になった人がいる」という話を聴いたからなんです。断食したら、どういう能力が開花するのか実験してみたくて、高尾山《たかおさん》にこもって3週間の断食をされた。千里眼とは言わないまでも、実際に、感覚はきわめて鋭敏になったそうです。

そういうふうに、いろいろなことを試されている。先生のお父さまがあきれて、「宏はなんでも信じちゃうからな……」とおっしゃったと、苦笑いしながらお話しされたことがありますから、多田先生ご自身も「なんでも信じる」ということについては、かなり意図的に、そのようにされていたんじゃないかと思います。

「なんでも信じる」という言い方をすると、「軽信」というふうに悪い意味で解されるかもしれませんけれど、僕はそうじゃないと思います。「なんでも信じる」というのは、今の自分の手持ちの度量衡《どりょうこう》にしがみつかないということですから。

今の自分にはわからないこと、できないことがある。自分をはるかに超えたレベルというものがある。今の自分の知的な枠組みのなかには収まらないものと遭遇《そうぐう》したときに、「そんなものが存在するはずがない」と眼を閉じる人は結局、今のレベルからは抜け出せない。どんな信じがたいことに遭遇しても、にこやかに「そういうことって、あるかもしれない」というふうに涼しく受け容《い》れる人では、そのあとの「のびしろ」が違う。この素直さが達人たちの共通点じゃないでしょうか。

悲劇的な状況下では「あるもの」を数える

内田　今の自分を絶対化して、それが「ふつう」であって、それ以外は「異常」だと思っていると、実際には環境の変化に対応できませんね。１９９５年の阪神・淡路大震災のときには、僕は小学6年生になる娘と芦屋《あしや》のマンションに住んでいて、倒れたタンスの引き出しが空中を飛んで顔に当たって、それで目が覚めたんです。周辺の木造家屋は全壊。神戸の街からは煙が上がっていました。住んでいたマンションは半壊で、近くの小学校の体育館で3週間の避難生活を送っていました。

震災のあと、その避難生活で人がだいたい2種類に分かれることを知りました。すぐに立ち直って、体育館の掃除をしたり、トイレの掃除をしたり、救援物資を分配したりとか、すぐに働きだす人。その一方で、被災のショックから立ち直れず、ずっと暗い顔をしたままで、体を動かさない人とがいる。

でも、よく聞いてみると、この2種類の人を分けるのは、被災の程度ではないんです。家はつぶれたけれど、自分は生き延びられたということを「とりあえずラッキーだった」と思う人がいる。一方で、家がつぶれたので、もう生きてゆく気力も湧《わ》かないという人もいる。同じ程度の被害であっても、「まだ手元にはこれだけ残った」と思える人と、「失ったもの」を数え上げて、「あれもなくなった、これも失った」と失われたものを指折り数えている人がいる。減算法で自分の条件を見る人はなかなか立ち直れないですね。

成瀬　マイナス思考はほんとうによくないね。

内田　マイナス思考の人は場を暗くするんですよね。みんな、同じように苦しんでいる。それなのに、まるで自分の上にだけゼウスの雷撃が落ちたような暗い顔をして、ぶつぶつ文句ばかり言っている。行政に対応が遅いと文句を言い、ボランティアに手際が悪いと文句を言い、走りまわる子どもたちを「うるさい」と怒鳴りつける。そういう人は震災前の「ふつう」の状態を基準にしていて、それにしがみついているんです。たしかに、「ふつう」の生活に比べたら、避難所の生活なんて耐えられないでしょう。プライバシーもないし、暖房だって利《き》かないし、音楽も聴けないし、ごちそうも食べられない。でも、そういう状況でも、笑顔で働いている人はいるわけですよ。家族を亡くして、家がつぶれて、それでもみんなのために働いている人はちゃんといる。その差は被害の物理的な差じゃないんです。

成瀬　結局、希望を持てない人は、生きていく力が弱いのかもしれません。

遠回りかもしれないけれど、そんな人はヨーガをするといい。ヨーガのポーズを取ったり、呼吸法をしたり、瞑想をしたりすると、基本的な生命力が強まります。そうすると、どんな状況でも「生きよう」というエネルギーが強くなります。

たとえば、「自分にはお金がなくて、今勤めているところは給料が安いし、かつかつで生きていくのも厳しいな」と、ぶつぶつ言う人がいます。けれど、それならばもう一つ仕事をふやせばいい。それだけの話です。

三つくらいの仕事を掛け持ちして、元気な人もいるわけですから。

三つも仕事を掛け持ちしたら、すごく稼げるようになります。睡眠時間は短くなるけれど、その分熟睡できるからいい。一日に三つも仕事をすればクタクタになる。クタクタになれば熟睡できるから健康的なわけです。

マイナス思考の人は、生きようとする力が弱いんです。強い生命エネルギーを蓄えることができれば、人生はバラ色に切り開かれていきます。

ヨーガをするにしても、マイナス思考の人は、「うまくできなかったらどうしようか」と不安から入ってしまう。やる前からそうなんです。

「合気道がいいですよ」と勧めてみても、「合気道をして、けがをしたらどうしようか」とか、「合気道をしても健康にならなかったらどうしよう」とかということばっかり考える。

そんな人は、今を生きているとはとても言えません。先のことばかり心配しているけれど、そんなことには意味はないんです。

内田　「後悔と取り越し苦労は絶対にしてはいけない」というのは、武道の基本ですからね。戦場に出て、四方八方から矢弾が飛んでくるときに、「こんなところに来るんじゃなかった」と悔やんだり、「ああ、このあと撃たれて死ぬに違いない」と取り越し苦労しても、それによって生き延びる可能性は少しもふえませんから。

「今、ここにいる」ということが所与《しょよ》の条件ですから、そこから始めるしかない。ここにびゅんびゅん矢弾が飛んできている以上は、「こんなところに来なきゃよかった」といくら思ってもしようがない。もう来ちゃったんだから。ここを出発点にして、「さて、このあとどうやって生き延びようか？」を考える。

取り越し苦労はこういう場合には絶対に禁物なんです。人間の予言遂行力というのは強力ですからね。「もしこんなことが起きたらどうしよう」というふうに「悪いこと」を想像すると、想像した通りのことが起きてしまう。

というのは、精密な未来予測をすると、それが自分にとってろくでもない未来であっても、人間は自分の予測が「正しかった」ことを証明したくなっちゃうんです。「ほら、オレが言った通りになっただろう」と言えるためになら、すごく嫌なことが起きるくらいのことは我慢の範囲なんです。ほんとに。精密な未来予測ができるというのは、その人の知的能力が高いということですから、自分が知的に卓越していることが証明できるなら、多少わが身に不幸なことが起きてもかまわない。人間はなぜかそういうふうに考えるんです。だから、「悪いこと」を予測すると、選択肢を前にしたときに、無意識のうちにその「悪いこと」が起こる方向を選択してしまう。

未来のイメージというのは、すごく吸引力が強いですからね。隅々まで精密に想像した未来図があると、人間はそこに無意識のうちに吸い寄せられてしまう。だから、逆に、全部がうまくいって、ハッピーになっている未来の自分を細かいところまで想像する。そうすれば、その未来に「リールが糸を巻き取るように」吸い込まれてゆく。だから、危機的なときこそ、取り越し苦労を自制して、無理やりにでも、ものごとを楽観的に見ることが大切なんです。

柔らかい頭脳がソニーを作った

成瀬 ソニーの創業者の一人である井深大《いぶかまさる》さんとは、晩年、親交を深めました。井深さんが僕に会いたいというので、ソニーにうかがったら、最初からなんだか気が合いました。井深さんは、僕の話をまるで食いつくように真剣に聞き入ってくれてね。

最初に会った場所は、ソニーの会長室でした。短時間の面会という予定でしたが、結局は1時間くらい話し込んだんです。

あとで、秘書の方に聞きましたが、井深さんのスケジュールはびっしり入っていて、面会者もだいたい10分から15分刻みでどんどん入れ替わるそうです。その日は1時間以上僕と話し込んでしまったから、僕よりあとの4~5人は、かわいそうにみんなキャンセルになったと言っていました。

その後、井深さんは僕の教室に来たいと言うので、呼吸法を少し教えたりしていました。また、「今度は自宅へ来てくれ」と言うので、井深さんの自宅に行ってヨーガの基本を教えたりもしていました。

内田　まるで家庭教師ですね（笑）。

成瀬　最晩年の話です。そのころの井深さんのことを書いている本を読むと、「最近読んでいる本はどんな本ですか?」という質問に、2冊の本を挙げていました。1冊は、オーリングテスト（大村恵昭《おおむらよしあき》氏が開発した親指ともう1本の指先をくっつけて行う診断法と治療法のこと）について書かれた大村恵昭教授の本。晩年はまっていたそうです。そして、もう1冊は、僕の『空中浮揚』の本（笑）。その2冊を脇に置いて、一生懸命読んでいるという記述がありました。

内田　おもしろいなあ。エンジニアがそういう方向に行くのは。

成瀬　これは、秘書の方から聞いた話です。井深さんが、空中浮揚をなぜ身につけたかったかといえば、「重役会議の場に、空中浮揚でヒューッと行ったらおもしろいから」

という理由だったらしいです。重役のみんなを驚かしてやろうと（笑）。

内田　（笑）いい話ですね。

成瀬　発想が違いますね。並の人間ではソニーの創業者にはなれません。世界のソニーを作った人ですから、やっぱり並の頭じゃない。全然違う。

井深さんは、ほんとうにおもしろい人でした。晩年は身体があまり利かなくなってしまっていたけれど、心は子どもみたいな人でした。

僕も同じですが、井深さんは興味のあることはなんでも進んで試そうとする。「なんかおもしろいことはないかな」と、自分の興味があることを、常に探している感じがありました。

空中浮揚も単純におもしろいと思ったから、「やりたい！」と思ったんだと思います。空中浮揚を身につけて、重役を驚かせようと思うくらいだから、その発想たるや半端じゃないよね。

そういう発想を持っているからこそ、ウォークマンを作れたんでしょう。そうじゃなかったら、そういう発想は出てこないですからね。

内田　今のソニーは技術力はあるけれど、突破力がないのかもしれないですね。技術革新って、「こんなことはできるはずがない」という常識を突き破り、「こんなことができたらおもしろい」という発想で引っ張ってゆくものですからね。

成瀬　ソニーがふつうの会社になったらおもしろくないよね。井深さんが会社を引っ張っていたころは、突破力があったんだと思う。ソニーの中で、気《き》（生命エネルギーの一種）の研究をしたりしていたわけですから。

内田　ソニーの創業者である井深さんと盛田昭夫《もりたあきお》さんはペアで会社を大きくしたわけですけれど、盛田さんは、どちらかと言うと冷徹なビジネスマンだったと思うんです。敗戦国民の屈辱感をバネにして「次はアメリカに勝つ」ということを考えていた。前は軍事で負けたが、今度は経済で勝つぞ、と。

でも、この「臥薪嘗胆《がしんしょうたん》、捲土重来《けんどちょうらい》」というのは、ほんとうは敗戦国民としてはごくまっとうなマインドなんだと思うんです。戦後の日本人にいちばん欠けていたのは「次は勝つぞ」といういささか無理筋ではあるけれど、そういう思い込みだったと思うんです。「次は勝つぞ」と思っていたら、当然「前の戦争はどうして負けたのか？」ということを技術的かつクールに考察したはずだからです。「一億総懺悔《ざんげ》」というのは、ぜんぜん論理的でも倫理的でもないんです。戦前の日本は隅から隅まで全部悪かったというのは、いっさいの自省も吟味も放棄するということですから。

ソニーはたぶんその点で「まっとうな企業」だったと思うんです。だから、戦前日本的な組織がどうして破綻《はたん》したのか、その失敗から学ぼうとした。僕は企業の内容のことなんかわかりませんけれど、ソニーって、たぶん帝国陸軍的な組織の弊害《へいがい》を削《そ》ぎ落とすところから組織を作っていったんじゃないですか。

だから、一方に盛田さんみたいな「捲土重来」を目指すクールなビジネスマンがいて、一方に、何にでも興味を持って、子どものように好奇心旺盛《おうせい》な井深さんがいて、そのバランスのよさがソニーの成功をもたらしたんじゃないかなと思います。

成瀬　空中浮揚というのは、確かに怪しげだし、眉唾物《まゆつばもの》に思えるものでしょう。しかし、それをパッと見て、「いんちきだ」と見る人と、「うわ、すごいな」と見る人は、まったく違うわけです。

だから、僕が空中浮揚をしている写真を見た途端、井深さんのような人は興味を持ってくれるわけですよ。「すごいな、俺もやりたいな」と言って。

たとえば、作家の椎名《しいな》誠《まこと》さんも同じですね。週刊誌で僕の空中浮揚の写真を見た途端、単純に「すごいな」と思ったらしい。そういう人をインドに探しに行こうと思って書いたのが、『インドでわしも考えた』（集英社文庫）という本です。あの本は、僕の写真を見たことで生まれたと聞きました。

椎名さんとはその後、対談をしたりして交流をしていますが、なんでも素直に興味を持つ人ですね。

本田技研から呼ばれて、空中浮揚の講演をしたこともあります。もう20年くらい昔の話ですね。Ｆ－１などを作っているエンジニアを含めて約１００名を前にお話をしました。

そのときに初めてカーナビを見たんです。本田技研からの迎えの車に乗ると、試作品のカーナビが付いていました。カーナビなんて、まだ誰も見たことがないころです。「衛星から電波が来ていて、この車が今走っている位置がわかるんです」と、同乗していた本田の人が、説明というか、自慢をするわけです。

僕も驚いて、「へー」と感心しながら見ていたら、位置がどんどんズレてきて、カーナビに映る地図では車が川のなかを走っていたりした（笑）。

そのとき思ったのは、企業のトップや物作りにかかわる人の頭脳は、柔らかくないとダメだということです。柔軟な頭があるからこそ、今まで誰も見たことがないようなものが作れるんです。

本田技研で空中浮揚の話をしましたが、みんな真剣に興味を持って聞いてくれました。だから、いい車を作れるんですね。

自分に対する無限の可能性を信じる

内田　僕も空中浮揚の写真を見たときには、「これは本物だ！」と思いました。バレエや能楽のシテ方（能の主人公である能楽師）の舞台と同じで、空間そのものが緊張しているのが見てわかりました。写真のなかに、ピーンと張り詰めた緊張感がある。

成瀬先生の空中浮揚の写真を見ていると、空間に強い力が働いていて、そこに密度の濃い磁場ができているのがわかりますよね。だって、成瀬先生の毛が微妙に逆立っているでしょう。ものすごく強い力が身体を囲んでいて、周りで働いている。それに身体が反応している。もっと解像度の高いデジカメで撮って、輝度を変えたり、アップにしたりできたら、いろいろなことがわかったんじゃないかなと思います。先生のうぶ毛が逆立っていたり、皮膚に鳥肌が立っていたり。

あの場には、ふつうに考えると働いているはずのない力が働いているんじゃないかと思うんです。もっと精密な計測機器を使えば、わかるはずなんですけど。写真だけ見ても、感覚のいい人だったら、わかると思う。だって、ふつうだったらありえないような身体の緊張がありますから。バレエとか能楽とか武道とか、そういうものを一流の人の動きを見て知っている人だったら、「ああ、これはあれと同じ感じだな」ということがすぐにわかると思うんですけれどね。

成瀬　そういう見方をパッとする人と、それからインチキだと言う人がいる。僕にとっては、どちらでもかまいません。特に空中浮揚に関しては、僕は「信じろ」と言っていない。ただ浮いたというだけのことで、見る人の勝手ですから。

内田　空中浮揚ができるという前提から始めて、「じゃあ、どうやったらできるんだろう」「空中浮揚ができるくらいなら、ほかにもいっぱいできることがあるんじゃないか、何ができるんだろう……」という方向に思考をめぐらせているほうが、人生は絶対おもしろくなりますよね。

人間には「こんなこと」はできませんと早計に断定すべきではない。人間の可能性なんて、ほんとにわからないんですから。

成瀬　可能・不可能というラインを引くことによって、人間の能力は限定されてしまうんでしょうね。合気道でも同じだと思いますが、「これ以上のことはできません」と言うようになったら、絶対できないですから。

内田　何年稽古をしていても、「僕、素人ですから」と言う人がよくいるんです。「別に武道家として名人・達人になりたいわけじゃない。適当に稽古をして、いい汗かいて、ビールが美味しければ、それでいいんです」みたいなことを言う。本人はもしかすると謙遜《けんそん》して言っているつもりかもしれませんけれど、それじゃダメなんです。

やる以上は名人・達人になりたいと思って稽古しなくちゃ意味がない。「自分みたいな運動神経のない人間はうまくなりようがない」とか、「忙しいサラリーマンで、週に1回しか稽古できないんだから、せいぜいこの程度」というようなことを自分で言っていると、自分で自分の限界を作ってしまう。可能性の芽を自分で摘んでしまう。

成瀬　それはそうだよね。

既成概念の枠を壊す

内田　「自分みたいに才能のない人間は、うまくなるはずがないと思います」という言葉をいったん口にしてしまうと、自分が言った言葉そのものに自分が呪縛《じゅばく》されてしまう。「自分はうまくなるはずがない」という未来予測が正しかったことを「絶対にうまくならない」ことによって身をもって証明してしまおうとする。これ、証明するの簡単ですからね（笑）。間違った稽古をすればいい。先生が「やりなさい」と言ったことをやらないで、「やってはいけません」と言ったことをやる。ほんとうにそうなんですよ。

そういう人でも身体が少し動きだしてきて、「あっ、こんなことやったら動きが変わるんじゃないかな」というときが来るんです。でも、自分自身に向かって、「上を見るな」と言い聞かせて、上達にストップをかけてしまうんです。

「どうせ自分は素人だし、別に武道の専門家になるわけじゃないから」というタイプの自己規定って、ほんとうに縛りが強いんです。そういうネガティブな自己規定をしていると、ブレイクスルーの機会が訪れてきても、自分で後戻りしてしまう。

だから、合気道を30年、40年やっていても「素人」と言う人がいるんです。たしかに段位は上がっているけれど、身体の使い方は入門当時と変わっていない。もちろん、長くやっているから動きが早くなったり、筋肉がついて強くはなったりしているんです。でも、動きの質そのものは素人のときから変わらない。量的に増大しているだけなんです。

逆に、入門して数カ月や1年程度で、身体の使い方が変わる人がいます。立ち姿から変わってくる。自分自身に対して限界を設けない人は変化が早いですね。

成瀬　限界を作らないことに加えて重要なのは、パイオニアの存在でしょうね。スポーツでもなんでもそうだけれど、できる人が一人出てくると、それに追随してできる人がいっぱい出てくる。
たとえば、陸上の100メートル走でも、10秒は切れないという時代があった。「10秒は切れない」と言っていると、やっぱり10秒を切れない。ところが、10秒を切る人が1人でも出てくれば、10秒を切る人が次々と出てくるんです。

パイオニアが1人出ると、みんな、「あっ、これできるんだな」と思うわけですね。

内田　ほんとうにそうですね。第2次世界大戦中、アメリカで原爆開発のための「マンハッタン計画」というのがありましたね。当時、ソ連もドイツも原爆の開発をしていたわけですけれど、結局、アメリカが他国に先駆けて原爆の実験に成功する。そのときに箝口令《かんこうれい》が敷かれたんです。

実はその当時、「原爆は理論的にも実現できないのではないか」という疑問があった。核分裂反応が連鎖して、地球そのものが吹っ飛ぶという説もあって、原爆というもの自体が製造不可能かもしれないと思われていた。だから、もし、アメリカで原爆ができたという事実が伝わったら、ソ連もナチスもあっという間に原爆を作ってしまうに違いない。だから、実験の成功そのものが秘密にされていたわけです。

秘密にされていたのは、「原爆の製造法」じゃなかったということなんです。問題は原爆というテクノロジーが果たして人間に操作可能なのかということだったんです。だから、実験に成功したという事実のほうを秘密にした。これは、「ほかにできた人がいる」と知った瞬間に、人間が自分の限界を軽々と超えてしまうということの適例ですよね。

成瀬　できないという思い込みがあると、絶対にそこから抜け出せません。だから、武道でもヨーガでも、芸術的なものでもなんでも同じだけれど、既成概念の枠が外れると、いろいろなことが可能になってくるんですよね。

非常識はダメだけれど超常識はOK

成瀬　僕の基本スタンスは、普段からあらゆる可能性があると思うことです。その際には、常識の枠は大きな弊害になる。

そういうと、僕が常識を持っていないと思う人がいるかもしれないけれど、そうではありません。常識は持っているけれど、常識的な枠組みは持っていないんです。「非常識」はダメだけれど、「超常識」はOKなんです。そこを勘違いするといけない。

つまり、常識は必要だけれど、常識がすべてだと思うのは間違いだよね。常識を超えることはいくらでもできる。感性でも五感でも、僕はいくらでも広げることはできると思っています。

瞑想で宇宙の果てまで行ってきたと言っても、それはホラを吹いているわけではない。本人にはその感触があり、実感があるわけです。だから、本人が嘘《うそ》をついているわけではない。そこまで自分の意識を広げられるかどうかということなんです。この壁の向こう側が見えてもいいじゃないかと僕は思うわけです。

だけど、常識の枠に縛られている人は、「絶対に向こう側は見えない」と言います。そういうふうに、完璧に常識に縛られたらダメだよね。「向こう側が見えてもありだよ」という柔軟さがあれば、いろんなことで自分の枠が広がってくる。五感が広がっていくし、要するに感性が高められていく。今この瞬間に、内田さんが消えていなくなってもありだと思うしね（笑）。

内田　ちょっと壁抜けして戻ってきたりしてね。「みんなが驚くかなと思って」（笑）。

成瀬　そうそう、少し驚かしてください（笑）。要するに、「可能だな」と思えることが大切なんです。「内田さんが消えることなんてありえないよ」と言ってしまうと、そこから先を考えることをやめてしまう。だけど、あるかもしれないという含みを持っていると、思考はいろいろなところに広がっていくんです。

内田　僕は昔、ＵＦＯを見たことがあるんです。真夏の夕方で、ふつうに家のそばの住宅街の道を歩いていたら、目の前にＵＦＯが出現したんです。「じゃ～ん」という感じで。もうめちゃくちゃ自己主張の強いＵＦＯで、オレンジと白いライトでギラギラと光り輝いているんですよ。そのまま、しばらくぼおっと空を見上げていたんですけれど、すると、向こうからおばちゃんが一人歩いてきたんです。ああ、よかった、いっしょに確認しようと思って、空を指さして、「あれ、あれ」というふうに身ぶりでＵＦＯのほうに注意を向けようとしたんです。そしたら、そのおばちゃんは下を見るんですよ。下を向いたまま、僕の横を通り過ぎていった。

もちろん、そのおばちゃんもＵＦＯを見ていたんですよ。でも、見たけれど「これは見なかったことにしよう」と判断した。ここにＵＦＯがいるということになると、いろいろな知的判断の枠組みをぜんぶ組み替えないといけないですからね。「ＵＦＯが存在する世界に生きている私」というものを合理化しないといけない。世界観そのものの書き換えって、考えてみたら、面倒ですよね。まずは自分の家族や友人に向かって「ＵＦＯってね、あんた、やっぱりあるのよ」というところから話を始めないといけない。でも、たぶん話しても「バカじゃないの」って相手にされない可能性が高いですからね。そのリスクを恐れたんでしょう。

成瀬　まさに、僕が空中浮揚をした写真と同じですよ。「見なかったことにしよう」

というケース、結構多いんですよ。認めたくないんでしょうね。

内田 認めたくない人たちは、目の前にありありと現前《げんぜん》するものでも、そこから目を逸《そ》らして、「私には見えていない。だから存在しない」という推論にしがみつくんですよ。

成瀬 常識の枠でガチガチに固まっている人は、常識の枠外のものは見ないようにしているんでしょう。

内田 見ればいいと思うんだけどなあ。なんで見ないのかな。「わっ、世の中には、人知を越えたことがあるんだなあ」とびっくりするほうがずっと楽しいのに（笑）。

悪魔や幽霊はしっかり見据える

成瀬 どんなことでも、冷静にしっかり見据《みす》えることがベストです。瞑想をしていると、よく恐怖感に囚《とら》われる人がいる。たとえば、瞑想中に悪魔みたいなものが出てきて、取り殺されそうになった、とか。

瞑想中に悪魔が出てきたら、その悪魔をしっかりと見据えないとダメです。取り殺されそうになったら、「じゃあ、取り殺してごらんなさい」と言わないとダメなんです。

瞑想のなかで悪魔が出てきたからといって、実際に殺されることなんてありえません。殺されること自体は、むしろあってもいいと個人的には思うけれど、まずはない。「どうぞ殺してみてください」とむしろ言ったほうがいいんです。すると、そういうものは、たいてい消えてしまいますよ。

幽霊がいい例です。なぜ幽霊は出るのかと言えば、見て怖がる人がいるからなんです。怖がらなければ、幽霊は逃げていくからね。

もし幽霊が出てきても、「キャー」と怖がるのではなく、「何をしに来たの？」と言ってみたらいい。幽霊は逃げるか、もしくは仲よくなるかのどちらかです。怖がらない人に、いくら怖がらせようとしてみても無駄ですから。

実は、僕は何度も幽霊らしきものを見ています。そのとき、冷静に見ていると、たいてい向こうが逃げていきます。幽霊は寂しがり屋なんだよね。見てほしい、聞いてほしいというのがある。「どうしたの？」と言うと、ホッと和《なご》むんです。

内田　幽霊はいますね。絶対。だって、すべての宗教儀礼は、死者の霊を前提にしていて、死者の霊魂《れいこん》を正しく供養しないと生きている人間たちに罰がくだるという前提で行われているわけですからね。死者の霊を正しく弔《とむら》わないと、死者の霊が戻ってきて災いをなすという信憑《しんぴょう》を持っていない社会集団は、人類が始まって以来、一つも存在しないんですから。

共産主義国みたいに公的には無宗教であっても、レーニン廟《びょう》を作ったり、スターリンの像を立てたりするじゃないですか。それは死者の霊に対して正しい弔いをしないと死者が戻ってきて災厄《さいやく》をもたらすとみんな信じているからでしょう。

成瀬　僕は、幽霊はデータだと思っています。たとえば、誰でもいつか必ず死ぬ。肉体は消滅しても、ある人間が生まれ、一つの人生を歩んだというデータ・ファイル自体は、消えずに地球上に残るわけです。

地球が誕生して人類が生まれてきて以来、たくさんの人が生まれ、死んでいきました。その膨大なデータ・ファイル自体は残っているように思います。前世《ぜんせ》や過去世《かこぜ》を見たり、死んだ人の霊を呼び寄せたりする人がいるけれど、これもデータが残っているからできるんでしょう。

たとえば、聖地と言われるような場所は、聖者やそれに関係する人たちが集まってきた歴史的な場所です。聖者に関する多くのデータが集積した場所といってもいいでしょう。だから、聖地なんです。

データを地縛霊《じばくれい》と言い換えてもいいかもしれません。要するに、土地にはその土地固有の歴史が重ねられて、そこにデータが集積するんですね。

このデータは、多分、永遠に消え去りません。人が生きてきたという事実を消去することができないように。だから、この地球上には、人類のデータがいっぱいあるんです。

そのデータを取り出せるかどうかは、また別の問題です。何かの縁で、何かのきっかけで、ヒュッと出てきたりすることはあるんだと思います。

死者が次世代のなかで生きている

内田　死者というのは、存在するわけじゃないですけれど、現実に影響を与えているという点では、存在しているのと変わらないと思うんです。僕がそのことを特に強く感じたのは父親が死んでからです。

父親が死んだあと、分骨してもらった小さい壺を置いて、その前に遺影を立てて自宅に置いておいたんです。しばらくは毎日お線香をあげたり、「行ってきます」「ただいま」と声をかけたりしていたんですね。

そうすると、生きているときよりも、父親のことをよく考えるようになった。自分が何かをするときに、「親父がこれを聞いたら喜ぶだろうな」とか、「こんなことしたら、親父は怒るだろうな」とか、「親父だったら、こんなことしたかな」とかね。

そんなふうに、年がら年中、死んだ父親を呼び出して、参照して、父親が怒りそうなことは控えて、父親が喜びそうなことをするようにした。

そしたら、父親が生きているのとあまり変わらないんです。むしろ、父親が生前口うるさくあれこれ言っていたときよりも、父親のことを考える時間がふえてきた。そして、いつの間にか、死者自体が僕のなかの行動規範として内面化してしまった。

もういちいち「親父ならどう思うだろうか」というふうに主題的に問わなくても、自分自身の価値観とか行動基準として受肉《じゅにく》してしまった。

そうすると、おもしろいことに、死んだ直後は毎日遺影を拝んで、お線香をあげていたのに、だんだん見なくなってくるんです。最近では、半年くらい平気で見ないんです。気がつくと、遺影も骨壺も埃《ほこり》をかぶっている。お線香も湿っちゃっている。「おお、いけねえ」って、あわてて拭き掃除したり、アリバイ的にお線香あげたりしているんですけれど。

でも、僕はこれは「供養を怠っている」ということとは違うんじゃないかと思うんです。死者のことを忘れたんじゃなくて、死者が僕のなかにしっかり住み着いてしまったので、外形的な遺影や遺骨がなくても平気になってきたということじゃないかと思うんです。

仏教の葬儀の場合だと、三回忌、七回忌、十三回忌とだんだん間遠《まどお》になりますね。それと同じで、生者のなかに死者がだんだん組み込まれていく。生者と死者の間の区別がなくなってくる。そんなふうにして、生きている人間のなかに死者が住み着くと、供養が完了する。そういうものじゃないかと思うんです。

父親はもう僕のなかにはある種の「性格」の一部として深く内面化してしまった。親父が好きな食べ物を見ると「ああ、これは親父が好きだったなあ」と思って、それだけ美味しく感じるし、親父が好きな音楽を聴くと「ああ、これは親父の好きな音楽だったなあ」と思って、それだけいい曲に聞こえるし。もう、それは自分の意志ではどうにもならないわけですよね。

それを「幽霊」と呼んでもいいし、今、成瀬先生がおっしゃったように「データ」と呼んでもいいと思うんです。たしかにデータであることには間違いないんですから。

うちは4代前の高祖父《こうそふ》が庄内藩士なんです。その人は千葉周作《ちばしゅうさく》（江戸時代の剣術・北辰一刀流《ほくしんいっとうりゅう》の創始者で千葉道場の総師範。1793～1856年）の玄武館《げんぶかん》で北辰一刀流を習ってから浪士隊に応募して、山岡鉄舟（武術の達人にして、政治家であり思

合氣

想家。1836〜1888年）や清河八郎《きよかわはちろう》（幕末の志士で浪士組の幹部。1830〜1863年）といっしょに京都に行った剣客なんです。そこでのちに新撰組になる隊士たちと袂《たもと》を分かって、また江戸に戻ってきて、庄内藩預かりの新徴隊《しんちょうたい》の隊士になった。そして、上野の戦争のあと、庄内藩主について鶴岡《つるおか》に行って、そこで庄内藩士になった。そして、生き残った会津藩士の子どもを養子に引き取って、その人に家督を継がせた、そういう家なんですよ。

子どものころは「一族の物語」はただぼんやり聞き流していたんですけれど、それでも、この歳になってくると、「俺にはほんとうに庄内と会津の血が流れている」と思うことがあるんです。100年以上も前の人ですけれど、この高祖父や曾祖父《そうそふ》がたしかに僕のなかには生きている。何をしても、「庄内藩士が見たらどう思うか」「会津藩士としてはどうか」というようなチェックをしているんです。別に遺伝形質的にどうこうということじゃなくて。だって、高祖父や曾祖父がどんな人だったのかなんてことは、僕は知らないんですから。勝手に想像しているだけなんですけれど、それにもかかわらず、自分で思い描いた父祖たちのエートス（特性）が僕の日常の言動にある種の「枠」をはめている。

だから、現に、僕が「内田家は庄内と会津の血筋です」という名乗りをすると、かなりの数の人が「ほうほう、なるほど。そう言われてみると……」という反応をする。別に僕は庄内と会津の遺伝形質を伝えているわけじゃない。でも、ある種の「データ」は間違いなく伝えているらしい。

成瀬 確かにリレーだよね。親から子へすべてが受け継がれるわけではないけれど、ある種のデータはコピーされていく。

ある程度の自分のデータを渡すことによって、亡くなった方は自分の子どもに対する執着から離れられるように思います。先祖から受け継がれてきたデータを子どもに渡せたと、安心するわけです。「じゃあ、俺は向こうへ行けるよ」という感じなのではないでしょうか。

この世との区切りが、四十九日や一周忌や、三回忌です。だから、受け継いだほうも、それ以上は引っ張ってはいけないんです。引っ張ると、「また戻ってきてくれ」ということだから、死者は成仏《じょうぶつ》できなくなる。

いちばん早い成仏が四十九日。長かったら、百カ日だったり、一周忌だったり、三回忌だったりする。三回忌以上は、こちらも気持ちを静めないといけない。引き留めてはダメなんです。

内田 『論語』にも同じことが書いてありますね。「服喪三年」という話。3年といっても、実際は三回忌と同じで、丸2年のことなんです。とにかく親が死んだら、2年は服喪せよ、と。

どうして2年かというと、子どものとき、自分が両親の手から離れるまでに2年くらいは扶養《ふよう》してもらっているからなんです。だから、両親が自分の手から離れたあとの2年間くらいは今度は親を供養したらどうかね、という理屈なんです。

オギャーと生まれて以降、両親は赤ちゃんにごはんを食べさせたり、排泄《はいせつ》の面倒をみたり、話しかけたり、いろいろとしてくれる。お腹《なか》のなかにいるときに、まだ子どもが人語を解さない段階で親は子どもに話しかけますよね。生まれてからも、言葉がわからない赤ちゃんに向けて一生懸命に話しかける。そのおかげで、いつの間に赤ちゃんも言葉を話すようになる。そこまでだいたい2年かかる。

赤ちゃんは最初は無音の世界にいる。ところが母胎《ぼたい》にいるうちに、親の声がノイズとして響くようになり、生まれて育つ過程で、ノイズだったものがやがて分節音声として記号的に聴取されるようになる。それとまったく逆の行程をたどるのが服喪の儀礼ではないか、と。つまり、親が死んだときには、親の声がだんだん聞こえなくなってゆく。微かなノイズになって、最後は無音になって消えてゆく。それまでの2年間くらいは、返事をしない親に話しかけてもいいじゃないか、と。

親は生きている間は分節言語を語っている。でも、そのうちぼけてくると、だんだん何を言っているのかわからなくなる。死んだあとはもう声は聞こえてこない。でも、親たちが母親のお腹のなかにいる、一言も発しない子どもに向かって10カ月間近く話しかけてくれたんだから、一言も発しなくなっても、そんな死者に向かって10カ月くらいは話しかけても罰は当たらないんじゃないか、と。

自分が生まれたときに親が捧げてくれた2年間を、親が死んだあとにお返しする。そう考えると、孔子《こうし》の言った「服喪三年」というのはずいぶんきちんとできたシステムだなあと思ったんです。

今、育児のことに関してはみんなあれこれ議論しますけれど、葬送儀礼について語る人はへりましたよね。最近すごくインスタントになってきて、ほとんど葬礼らしいことをしないで、病院で死んだら、そのまま火葬場に送ってしまう人たちさえいる。これに僕は強い危機感を感じます。

法事なんか虚礼だからといって、法事をしない家もだんだんふえている。葬儀や回忌に、子どもを連れていかないという人もいる。子どもに迷惑をかけたくないから、自分が死んだら葬式を出さなくてもいいと言う人さえいる。

それはほんとうによくないと思う。そんなことしたら、ほんとうに幽霊が出てきますよ。自分で「葬式はしなくていい」と言っていても、誰も供養してくれなかったら、そういう人たちこそ化けて出て来るんだから。そういう点では、日本の霊的未来については、僕はかなり悲観的ですね。

突破する力に年齢は関係ない

成瀬　僕には師匠はいないけれど、先生はいます。ただ、ヨーガの世界にはいません。僕が常々生徒として勉強させてもらっているのは、NHKの『百歳バンザイ!』という10分くらいのドキュメント番組なんです。あの番組が僕の先生です。

　100歳以上の元気なお年寄りが出てくる番組なんですが、やたらバイタリティのある人が出てくるんですよ。最近、見た人でいえば、100歳で陸上の短距離をしている現役アスリートの宮崎秀吉《みやざきひできち》さん。

　宮崎さんは93歳から陸上競技を始めたそうですが、100歳でマスターズ陸上に出場した。そこで、なんと29秒83で世界新記録を更新したんです。100歳を超えているのに、100メートルを29秒台で走るんですよ。

内田　すばらしいですね。

成瀬　宮崎さんのような人を見ていると、「俺も油断してはいられない」と思います。80歳、90歳から勝負だと気づくわけです。そういう人の共通点は、まず好奇心が旺盛なんです。

佐々木佼《ささきさとし》さんという人も100歳なんですが、地域の防犯灯を300本も受け持っているんです。つまり、300本分の防犯灯を担当し、それが切れたら取り替えるという仕事をしています。佐々木さんは、もともと電気会社で働いていたらしいのですが、10メートルくらいある電柱を難なくスルスルと登っていくんです。

番組が放送された100歳のときは、さすがにはしごを使っていたけれど、97歳まではしごも使わずに電柱に登り、切れた蛍光灯を取り替えていたそうです。今でも地域の防犯灯300本分を受け持っていて、月に2回ほど夜回りもしています。

そして、いわゆる現場の作業服、自分では戦闘服と言っていたけれど、必ずそれを着ているんです。食事をするときも、夜寝るときも、戦闘服を着ているわけです。なぜかと言えば、いつ電話がかかってきても外に出られるからです。「電灯が切れました」という依頼の連絡に、すぐに出動できるようにしているんですね。ほんとうにすごいですよ。

81歳から陸上を開始したという青山弘《あおやまひろし》さんを特集した回もすごかった。青山さんも

100歳なんですけれど、三段跳びで世界新記録を出しました。そして、なんと98歳から砲丸投げや円盤投げに挑戦したんです。

実際にテレビで見ていると、60歳や70歳なんて、人生がまだ始まる前という世界です。僕は、そういうのを見て勉強させられますね。

内田 90歳を超えてから、新しいことを始めるというのがすごいなあ。

成瀬 そうそう。僕が常々思っていることですが、老いのターニングポイントは、歩けるか歩けないか――。歩けなくなると、生命力が一気に落ちてしまう。歩けなくなると、情報量も極端にへる。

歩ければ、自分がやりたいことは、いくらでも可能性がある。

歩けなくなると、人の手を借りるわけですから、極端に行動が制限されてしまうわけです。車椅子に乗ったり、寝たきりになったりしたら、やりたいことがあっても、実際にできなくなってしまう。

元気で歩けるということは、ほんとうに大事です。

100歳で元気な人というのは、みんなしっかり歩けています。100メートルを走れる人がいるくらいですから、足腰が強い人が多いようですね。

また、これも同じ番組で紹介されていた人なんですが、佐賀県に住んでいる101

るんです。

歳の占野謹吾《しめのきんご》さんという人もおもしろい人でした。彼は郵便局のスタンプを集めてい

郵便局に行って自分の口座にお金を入れると、通帳にその局のスタンプを押してくれます。占野さんは、それを集めているんです。佐賀県、長崎県、大分県、熊本県、福岡県内の郵便局は全部網羅していました。２４００カ所以上もです。そして、次の目標は宮崎県と鹿児島県と言っている。

さらに「新しい目標を見つけた」と言って、何年後までに四国八十八箇所を回りたいと言うわけです。家に帰ると、さっそく紙に四国八十八箇所の全部を書いて、スケジュール帳を作っていました。何カ月後にどこそこに行って、何年後までに四国八十八箇所を巡るというスケジュールです。

１００歳を超えても、5年後、10年後の目標を持てるというのがすごい。そういう人を見ていたら、「この人は夢をほんとうに実現できるんだろうな」と思ってしまう。１０１歳の占野さんは、3年後、5年後までに四国八十八箇所回るというスケジュールを自分で綿密に組み立ててしまうんです。

夢をかなえる力というか、突破する力というか、そういうのは年齢に関係ないということなんでしょう。20歳であろうが、１００歳であろうが、関係ないということ。

そういうスタンスで生きていくということが、とても大事だと思います。

まずは目の前のことをやってみる

成瀬　僕も好奇心が旺盛だから、常にやりたいことがあります。この前、あるイベントに招待されて行ったときに、大学生くらいの男の子からこんな質問を受けました。「僕はこれから何をしていいかわからなくて迷っているので、アドバイスください」と。

今の時代は、将来に対するヴィジョンを持ちづらいかもしれない。何をしたらいいのかわからないと迷う若い人は結構多いものです。僕はその質問に、「頭で何をするかと考えているから、多分あなたは実行に移せないんだと思う」と答えました。「ちょっとおもしろそうだな」と思えることに出合えたら、よく考える前にやってみることが大切です。実際にやってみたら、自分に合わないこともちろんあるでしょう。でも、やってみる前に、「これは俺には合わない」と想像するのではなく、やってみてから合う・合わないを確認したほうがいい。

僕自身がそうなんです。突然、思い立ってダーツをしたり、吹き矢をしたり、スキューバダイビングをしたりする。

内田　吹き矢ですか（笑）。

成瀬　そう、吹き矢です。テレビで吹き矢をしている映像を見て、おもしろそうだなと思ったので、すぐに吹き矢協会に連絡しました。そして道具を買って始めたんです。

吹き矢はチームを組んで競うんですが、弟子たちを何人か集めて、半年くらいやりました。僕にはどうも吹き矢の才能がなかったけれど、やる前に「自分にはできない」とは考えないですよね。

スキューバダイビングも1年くらいやりました。作家で空手家の今野敏《こんのびん》さんに誘われたので、「じゃあ、とにかくやってみよう」という感じで始めました。それで、スキューバのライセンスを取って1年くらいダイビングをしていたんです。1年くらいしていたら、ふと「これは命が危ないな」と気づきました（笑）。

30メートルくらい海のなかを潜っているとき、何かに引っ掛かったら、そこで死んでしまう。「これは命がかかっているな」と、1年たってから気がついたんです。

それでシュノーケリングに変えました。ボンベを背負わないでいいので、こちらならば命はそれほど危なくない。興味があったり、ハッと思ったりしたら、僕は必ず体験してみますね。

今、マーラー（数珠《じゅず》ネックレス）を作っていますが、それも同じです。ある日、「108

の石が連なったマーラーを自分で作ろう」と思い立ったわけです。その日から、マーラーを作り始めました。

これをライフワークにしようと思ったから、目標がないとつまらないと思い、全部で1万800本のマーラーを作る目標を立てました。

マーラーは、108の石から成る数珠です。マーラー作りでは、紐《ひも》に石を1個通すたびに結び目を一つつけていくんです。108個の石に対して、最終的には108個の結び目ができます。この結び目一つひとつに、シヴァ神のマントラ（真言）を入れていきます。結び目を一つつけるたびに、「オーム・ナマ・シヴァーヤ」というマントラを唱え、数珠のなかに入れていくわけですね。

数えるとき、108は実質100で数えるんです。願掛けで、10万回とか100万回、何かを行うというのがありますね。だから、僕はマーラーを作りながら、マントラを100万回唱える。唱えるというか、数珠のなかに入れ込むというのをライフワークにしようと思ったんです。

100万回ということは、1万本作るということ。ですから、1万800本のマーラーを作ると決めたわけです。

これは一つの例ですが、ほかにもやりたいことがあったら、僕はなんでも取り組もうと思っています。やりたいことがまだまだたくさんあるんですよ。自分がやったことのないことは、絶対におもしろい。

僕はタクシーの運転手をしたことがないし、道路の交通整理もしたことがないので、やってみたい。それから、清掃車の後ろの棒につかまっている清掃員もしてみたい。あれ、おもしろそうですよね（笑）。

僕の歳では雇ってもらえないかもしれない職業もあるかもしれないけれど、職業以外にも、やってみたいことはいくらでもあります。やりたいことがいっぱいあるから、「何をしたらいいかわからない」というのは、僕にはありません。

やりたいことを見つけられないならば、なんでもいいから、まずは目の前のことをやってみればいい。やってみてダメだったら、また違うことをすればいいだけの話です。

内田　僕の場合は、やっていることがさすがに多すぎて、今、一生懸命になってへらそうとしているところです。2011年3月末で、とりあえず大学は退職します。それから先は、自由な時間はずいぶんあるはずなんですけれど。でも、新しいことを始めるのは、少し厳しいですね。ライフワークとする研究テーマはあるんですが、まだそれにも手が届かない状態ですから。

成瀬　まだまだ大丈夫ですよ。90歳までには、たっぷり時間があるから。90歳から始めた人もいっぱいいるから心配ない（笑）。

内田　僕の父親は90歳まで生きました。父親の家系も母親の家系もわりと長命の家系なので、僕も長生きできるかな。

若いうちはたくさん失敗したほうがいい

成瀬　今の若い子は、挫折《ざせつ》を体験する前に、それを極端に恐れているような気がします。

内田　「失敗すること」に対する恐怖心が強いですね。

成瀬　そうそう。僕からしてみると、それはむしろもったいない。若いうちに失敗はたくさんしたほうがいい。挫折や失敗はいっぱいしたほうが、人間は大きくなる。

内田　成功からはほとんど学べないけれど、失敗からは山のように学ぶことがありますから。僕も若い人たちには「たくさん失敗したほうがいいよ」と言っています。

成瀬　たとえば名優と呼ばれるような人は、若いころにたくさん苦労している。そんな人ほど、歳を取ってからいい味が出てくる。失敗や挫折をいっぱい体験したり、かなりの貧乏だったり。

したねえ。

内田　貧乏は大事ですね。今は、「貧乏が大事」と言う人がほんとうにいなくなりま

成瀬　貧乏をすると、いろいろな知恵がつく。それがないと、大人になってほんとうに挫折してしまう可能性があるね。大人になってからの挫折はほんとうにこたえます。若いころは挫折を味わって、いろいろな苦労をしたほうがいいんだよね。

僕は、貧乏ではなかったけれど、貧乏性なんです（笑）。中学を卒業したときに、すぐに働きたかった。高校3年間、お金を出して勉強するのがもったいないと思った（笑）。

その3年間を働けば、逆にお金が入ってきます。出す分がゼロになるだけではなく、プラスになる。親と担任の先生には「働きたい」と力説したんだけれど、「高校だけは出ていたほうがいい」と、逆に説得されてしまいました。それで、泣く泣く高校に行ったんです。

だけど、結局我慢できなくなって、高校3年になったときから働き始めました。昼間は高校に行き、夜は五反田のキャバレーでサックスを吹いていたんです。親戚にプロのサックス・プレイヤーがいたので、その人にいろいろ教えてもらいながらね。

高校を卒業してからは、そのままバンドマンです。でも、今度は昼の時間が空くよ

うになった。その空いた時間がもったいないと思い、昼間の時間に時計修理の技術を身につけて、「成瀬商会」という時計の修理と宝石を売る仕事を一人で立ち上げました。それは、結局失敗したんだけどね。でも、なんでもやりたかったんですね。

その後は、ヤマハのセールスマンをしたり、ビルの窓拭きをしたり、いろいろなことをしました。貧乏性ですから、昼間の空いた時間で何かをしたいわけです。

今から考えると、実際に貧乏なときもありました。サックスを質屋に入れたときはいちばん悲しかったですね。

そんな感じで、僕は3日休みがあったら死んでしまうかもしれない。まるで回遊魚みたいです（笑）。

内田　僕もよく似たような暮らしでしたから、成瀬先生の話はよくわかります（笑）。ちょっと時間があると、「おっと、こうしてはいられない」と言って腰を浮かしてしまう。ゆっくりできない性分なんです。

もし「1週間のんびりしろ」と言われたら、そんな時間があったら、溜《た》まっている仕事を全部片づけようと、ふだんよりもっと働くと思います。僕も貧乏性ですね。

ほんとうの貧乏もずいぶんしました。大学を卒業して、即無職ですから。ほんとうに貧乏でした。友だちが心配してくれて、いろいろ細かい仕事は回してくれましたけれど、ずっと定職がなくて。ずいぶん長いこと、貧乏しましたねえ。

成瀬　貧乏と言えば、今は昔のタイプの質屋が少なくなったね。今の若い人は、質屋を使う経験がないでしょう。その代わり、カード会社や消費者金融が発達した。でも、質屋よりもだいぶ不健全な感じがします。

昔は、お金がないと手元にあるものを質屋に入れて、お金ができたときに取り出す。もしくは、お金ができずに流れるわけです。たとえ流れてもその物が自分のところに戻ってこなくても、金銭的にはマイナスにはならない。借金にはならないわけです。

今はカードで簡単に何十万円も借りられる。でも、その借りた額がそのまま負債になる。簡単に借りられるから、返済について深く考えずに借りてしまう。質屋であれば、物がなくなるだけで、借金にはならない。昔のほうがはるかに健全だったように思います。

内田　卒業してから2年間くらい、大学院生になるまでは家庭教師やったり、翻訳の下請けやったり、放送台本の下請け書いたり、いろんな半端仕事で暮らしていました。

翻訳の下請けはずいぶんやりましたね。ラジオドラマの台本用のミステリーを翻訳したときは、勝手に筋を書き換えたこともあります（笑）。話がつまらないんですよ。30分番組用のショート・ストーリーなんですけれど、ほんとにつまらない。だから、勝手にあれこれ書き足しちゃったんです。最初は細かいところだけいじっていたんですけれど、最後のころは「こういう話のほうがおもしろいや」ということで、犯人まで変えたりしました（笑）。犯人は実は幽霊だったとか。結構評判がよくて、そのまま放送作家にならないかと誘われました。貧乏だったけれど、気楽でしたね。将来について心配したことなんて、ほとんどなかったです。

空中浮揚は必然から生まれた

成瀬　そのエピソードはおもしろいね。

実は今、小説を書いているんです。原稿用紙にすれば、もう750枚以上もの大作を書き上げました。この歳にして、作家志望なんです（笑）。

内田　750枚！　すごいですね。フィクションですか？

成瀬　フィクションだけれど、半分は僕の自伝的な小説です。ヒマラヤに180歳の聖者がいるという話です。

この小説のなかに、ヨーガの極意的なことをかなり書いています。たとえば、空中浮揚や空中歩行というのは、実践書ではなかなか書けないんですよ。つまり、「こうやって空中に浮きなさい」と実践書で書いたら、それはインチキ本になってしまう。だけれども、小説だったらアリだと思うんです。

10メートルもあるクレバスを歩いて渡るという奥義も書いてあるんだけれど、それは小説だから書ける。読者は完全なフィクションだと思うかもしれませんが、実は非常に実践的なことなんです。読めば、わかる人にはわかると思います。この小説は、近々刊行されると思います。

やりたいことがあったら、何歳だろうと関係ないんです。別に、60歳を超えて新人賞を狙ってもかまわない（笑）。読んでもらった編集者からは、「ヨーガというのは、すべて必要から生まれたことなんですね」と言われました。

内田　おもしろそうですね。僕も読んでみたいなあ。ちなみに、空中浮揚はどういう必要から生まれたんですか？

成瀬　その必要性はいくつも考えられます。

たとえば、ブッダが空中に浮いたという話がある。キリストも水の上を歩いたという話がある。両者が浮いたということで狙ったもの、その意味は同じだと思うんです。

ブッダは、今のネパールで生まれ、インドで悟りを得て、インド中を説法して回ります。当時は情報手段が発達していないから、ブッダがある村に説法に現れても誰もブッタのことを知らない。

どこかの馬の骨がやってきたというような状態で、村人に説法しなくてはなりません。「集まれ、俺が説法するぞ」と言っても、そんな状況では誰も聞いてくれないことでしょう。そんなときに空中に浮いたのではないでしょうか。村人たちの疑いの眼差しは一瞬で消えて、説法を真剣に聞くようになる。村人が自然に帰依《きえ》するんです。でも、このやり方は今では無理です。現代は空中に浮いている人がいれば、レベルの高いマジシャンだという話で終わってしまうから（笑）。

だけど、当時はいきなりそういうものを見せられたら、もう帰依するわけですよ。「この人の話を聞こう」となるわけです。

インド中を説法して回るために、空中浮揚の技術は必要だったのではないでしょうか。こちらに目を向かせるために必要なテクニックです。

キリストが水の上を歩いて見せたのも同じ理由からのように思います。みんなに自分の話を聞かせるための一つの方便として、水の上を歩いたり、空中からパンを出したりする。それによって、説法が可能になるわけです。

内田 なるほど。そういうことだったんですね。

第2章

歩行は人間性の根本を担う

生きていること自体が身体に悪い⁉

内田　僕のやっている合気道では、強弱勝敗は論じないということになっています。勝ち負けというのだって、結局はどのようにして楽しく生きるか、楽しい人生を送っていくのかということでしょう。どれほど力が強くても、動きが速くても、不幸で惨《みじ》めな人生で終わるなら、最終的には負けですからね。

いかにして自分が持っている「生きる力」と「知恵」を高めていき、楽しい人生を送るのか。それが武道修行の目的だと僕は思っています。だから、「身体を鍛える」という言い方にはどうしても違和感を覚えるんです。「鍛える」という言い方には自分の身体に対する「敬意」が感じられないんです。身体って、もっと奥の深いものじゃないですか。

筋トレをすると、たとえば上腕二頭筋《じょうわんにとうきん》（腕のつけ根からひじの内側までの筋肉。腕を曲げたときに出るいわゆる「力こぶ」）を選択的に鍛えますね。マシンを使うときだと、ひじをマシンに固定して、手に持ったダンベルを上下させ、上腕二頭筋だけを酷使して、筋肉の断面積を大きくする。

でも、あんなふうに筋肉だけを鍛えて、いったい何に使うつもりなんでしょうか。そういう筋肉の作り方って、日常生活ではやらないでしょう。物を持ち上げるときは、使える物はぜんぶ使うから。重心の移動や腰の回転も使うし、できるだけ深層筋《しんそうきん》を動員して、局所的な筋肉に過剰な負荷《ふか》をかけないようにする。マシンで鍛えるような仕方で筋肉をつけるということをふつうはしません。逆に、できるだけ局所に負担をかけずに、楽に仕事をしようとする。何時間重たいものを運ぶ仕事をしても、ぜんぜん疲れないし、汗もかかないし、さっぱり筋肉もつかないという人がいたら、それが身体の使い方がいちばんうまい人なんです。

身体運用の要諦《ようてい》は、使える限りのあらゆる身体資源を総動員して、それを複雑に連《れん》接《せつ》させた総合的な使い方をするということのはずです。それを制約して、あえて身体各部を断片化して、部分を集中的に強化する。薬物を飲む、ステロイド注射を打つ。

そんなことをしたら、身体の使い方がどんどん下手になってしまう。そういうバランスを欠いた身体をつくることはやめたほうがいいと思うんですけどね。

成瀬　まったく同感です。たとえば、今はやっているマラソンにしてもそうでしょう。マラソンは、長時間にわたって飛び跳ねているようなものです。長期間行った人たちは、必ず膝を痛めます。

しかし、究極の極論を言えば、僕らが生きているということは、身体を少しずつ痛めているということなんです。

内田　ほんとそうですね。生きていること自体が身体に悪い（笑）。

成瀬　そうそう（笑）。どうせ身体に悪いことをしている。しかし、身体を加速度的に痛めるか、じわじわとゆっくり痛めるかによって、のちのち大きな差がついてきます。理想論をいえば、「人生の限られた時間のなかで、身体を有効に使っていくことが大事」ということです。

僕たちの生はほんとうに限られています。500年も1000年も生きながらえるわけじゃない。長寿の人でも、生きて100年前後ですよね。多くの可能性を追求するには、100年というのはとても短いでしょう。

短い時間しか持っていないのに、少しの間でも身体が故障していてはもったいない。

使っている間は、きちんと機能していたほうがいいわけです。そのために、メンテナンスをしないといけない。やっぱり、僕は貧乏性なんだね（笑）。ブームだからといって、いきなりマラソンをしたり、格闘技をしたりすると、身体のどこかを痛めてしまいます。これは、マラソンや格闘技を否定しているのではありません。好きでしている分にはＯＫです。

ただ、僕の教室にも、プロの格闘家が何人も来ていますけれど、格闘家としての人生が終わったあと、その後の人生について考えないといけない。その後の人生も充実させて生きていく必要がある。

そのためには、身体とうまく付き合わないといけない。手前味噌になってしまうけど、ヨーガの呼吸法をしたり、ポーズをしたり、瞑想《めいそう》をすると、身体のコンディションをよく保ったまま人生を歩める。楽しく楽に生きていくツールとして、ヨーガは優れていると思います。

老化する肉体を楽しむ

内田　生きていること自体が身体に悪いというのは、動かしようのない事実ですね。

酸素を吸うのも身体に悪いし、食物を摂取するのも身体に悪い。生きるためにやっていることって、だいたい身体に悪いことなんですよね。生まれるということ自体が「死に始める」ということなんですから。

だから、悪いことをしながらも、だましだまし少しずつ食い延ばしていくというか、メンテナンスしながら使い延ばす技術が必要になるんだと思います。ゆっくりと加齢し、劣化していく自分の身体を使い延ばす。

村上春樹《むらかみはるき》さんの『走ることについて語るときに僕の語ること』(文春文庫)という本がおもしろかったのは、この「使い延ばし」が主題だったからです。

ご存じのように、村上さんはマラソンランナーで、途中からトライアスロンも始めるんですけれど、この本のどこがおもしろかったかと言うと、これが一生懸命トレーニングすればするほど、マラソンのタイムが悪くなってゆくという話だからなんです。ふつう、逆じゃないですか。努力して、鍛えて、走法を改善して、タイムがよくなりましたというのがふつうの成功譚《せいこうたん》です。そうじゃないんですよ。

村上さんは、ゆっくり加齢して、衰えていく自分自身の身体と対話するんです。自分の筋肉と対話し、骨と対話し、関節と対話しというふうに、自分の筋肉を第三人称みたいな感じで、「僕のふくらはぎの筋肉のクセは……」みたいに書くんです。愛用の車とか自転車とか文房具について語るような、すごくやさしい語り口で語るんです。身体は不可逆に、どんどん劣化していきます。これは止めようがない。もちろん、自分の身体は取り替えがきかない。気に入らないからといって、新品を付け替えるわけにはいかない。劣化して、機能が低下してゆく自分の身体とどうやって機嫌よく付き合うか。それが村上さんのこの本のテーマなんです。

もともと、日本には「闘病もの」、「看病もの」という文学ジャンルがありますでしょう。古くは正岡子規《まさおかしき》の『病床六尺《びょうしょうろくしゃく》』『仰臥漫録《ぎょうがまんろく》』から、幸田文《こうだあや》の『父』や、堀辰雄《ほりたつお》の『風立ちぬ』など、多くの作家が名作を書いています。あれは日本文学の貴重な伝統だと思うんです。

家族の親しい人が病み衰えて、やがて死んでゆくのを看取る。あるいは自身が病者として、その経過を記録する。残された限られた時間、限られた資源を使って、何をするか。それについて考える。闘病記文学のパターンはだいたいそうですよね。最初は絶望するけれど、やがて、限られた時間と限られた身体能力を最大限に生かして楽しく生きるというふうに頭を切り換える。だって、要するに生きるというのは、そういうことですからね。物理的な時間量が違うように思えるだけで、病人も健常者も、みんな死ぬまでの限られた時間を、劣化してゆく臓器や身体機能と折り合いながら生きていることに変わりはないんですから。だから、闘病記というのは人間に生きることの本質を開示するための文学的装置としてずいぶん有用なものだったんじゃないかと思います。村上さんの本は、だからある種の「闘病記文学」として読んでもいいいんじゃないかな。

誰でも身体の機能は低下していく。そういうものなんですから。文句を言わずに、恨まずに、機嫌よく病と共に生きる。「病や老いと共に生きる」ためのノウハウは日本の文化的伝統のなかに深く根づいていたんですけれど、それがどこかで途絶えてしまった。今は、アンチ・エイジングですからね。病も老いも、物理的な手段や薬物を用いて、すみやかに除くべき苦しみだということになっている。そんなことをしたら、よけい苦しくなるばかりだと思うんですけどね。

正岡子規の場合、脊椎《せきつい》カリエスで全身を冒されて、残されたほとんど唯一の器官が味覚だったから『仰臥漫録』には食に関する豪快な文章が展開されていますね。これに類するような本質的な書き物は、今は見ることがないですね。

街歩きはいちばんの訓練

内田　多田宏先生は「街を歩くのはよい稽古になる」とおっしゃっていました。街を歩くためには、一瞬ごとに変化する、次に何が起こるかわからない状況に臨機応変に対応する能力を要求しますからね。ボーッと歩いているとき、いきなり向こうから来る人が包丁を振り回すかもわからない。

あるいは、いろいろなルールを設定して楽しむこともできますよね。たとえば、絶対に他人と触れ合わないとか、身幅以上は左右に動かないとか、視線の高さを変えないとか、いろいろな制約を設定して歩く。

多田先生といっしょに吉祥寺《きちじょうじ》の繁華街を歩いていると、不思議な感じがします。多田先生はまっすぐに歩かれるのですけれど、まるで、周りの人が先生を避けているように、先生の動線が開くように見える。別に向こうから来る人が、多田先生の顔を見て、「なんだか強そうな人が来たから道を譲ろう」というふうに判断してそうしているんじゃないんですよ（笑）。隣の人としゃべるのに夢中で、先生のほうを見てない人でも、無意識的に先生の動線を開けてしまう。それはたぶん彼らのなかにまだ生き残っている本能的なアラームが鳴動しているんだと思うんです。「あ、そこは『別の人』がリザーブしている通り道だから、そっちには行かないでおこう」って。先生はそういうふうに周りにある種の波動《はどう》を送って、そこに先生の「結界《けっかい》」（聖なる領域と俗なる領域を隔てる区域。合気道の稽古では、対軸を中心にしたおよそ半径2メートルの円錐形の空間を結界と見なす）を作っている。そういうことじゃないかなと思うんです。

多田先生はそうした日常的な訓練を常にされている。それが弟子としては実に勉強になるんです。

たとえば、お稽古が終わったあと、「さようなら。先生、ありがとうございました」と弟子たちが頭を下げますよね。「はい、さようなら」と多田先生もおっしゃって、スーッとまっすぐに歩いて帰られます。でも、必ずあるところでもう一度振り返るんです。

観察しているとおもしろい。弟子たちのなかでも、勘のいいのと勘の悪いのがいるから。勘のいい人は、先生が振り返った瞬間に、ぴたりとタイミングを合わせて礼をする。「ここ!」というタイミングをはかっているんです。勘の悪い人は先生が振り返るときに、ふっとよそ見していたり、隣の人とおしゃべりしたりしている。そういう人たちは先生とアイコンタクトできない。

多田先生としては、弟子たちへの一つの「贈り物」としてこの稽古をやっておられるんだと思うんです。「俺はどこで振り返るかわからないよ。いつ振り向いてもぴたりと合うように心身の準備をしておけよ」という無言の宿題じゃないかなと僕は思っています。

成瀬　僕の弟子も、教室が終わったあとには僕が見えなくなるところまで必ずしっかり見ているね。「じゃあ、今日はさようなら」と、すっと帰る。何歩か歩いて途中でパッと振り返ると、必ず目が合う弟子がいる。僕が見えなくなるところまで、しっかり見ている人だよね。「どうかな」と思って見ると、必ず目が合う。

内田　あのアイコンタクトは、大切な訓練ですね。師匠の後ろ姿は最後まで見届ける。視野から消えるまで絶対に目を離さない。最後まで先生の背中を見送るというのは礼の基本ですから。でも、ただ礼儀のためだけじゃない気もするんです。

先生と呼吸を合わせるというか、体感を同調させるというのは大切な稽古だと思うんです。多田先生は着替えるのがすごく早いんです。これも武道家の心得の一つなんでしょうけれど、とにかく先生は下着姿を僕らに見せることがないんです。道場が狭くて、先生と僕たちが同じ部屋を使って着替えをしている時期もあったんですけれど、稽古が終わって、みんなが道着を脱いで着替えるときに、先生はきちんと道着を着られていて、僕がほんの一瞬目を離して、また先生のほうを見ると、もうネクタイを締めている（笑）。あっという間に着替えるんです。

だから、僕らがおしゃべりなんかして、だらだら着替えていると、先生のお帰りに間に合わない。さっと先に帰られてしまう。だから、先生が別室で着替えているときは、こっちは必死で着替えて、先生がドアを開けて出てくる前に、ドアの前に立っていられるようにする。そろそろドアが開くんじゃないかというときにドアが開くと、「気《き》の感応」ができているのかなと思います（笑）。

道場でやっている稽古ももちろん楽しいんですが、先生が道場に来るときとか、出たあとのふるまいかたというのは見ているだけで勉強になりますね。

成瀬　僕もほとんど同じですね。着替えも早いし、雑踏を歩いていて僕に追いつける人はいません。アスリートでも僕に追いつけません。

内田　なぜ歩くのが速いんですか？

成瀬　歩く際には、ギアチェンジが4速くらいあるんです。だからふつうの並足からもう少し速くして、もう少し速くして、トップギアに入れると、誰もついて来られない。

先日も、180センチある弟子と並んで歩いていましたが、僕がギアを1速上げたら、彼はもう僕について来られなかった。180センチの弟子のほうが、僕よりも歩幅が広いはずです。ところが、全然ついて来られないわけです。

内田　それは、走っているのではなく、歩いているんですよね？

成瀬　歩いています。股関節《こかんせつ》と足首が柔軟なんだと思います。股関節と足首が柔軟だと歩幅が広くなります。体の重心を少し落とすだけで、すごく早くなりますね。

内田　それは、あのヒマラヤでの速歩法《そくほほう》とは、また別のものですか？

成瀬　ヒマラヤでの速歩法も含まれています。歩くというのは、人間にとって非常に重要なファクターです。

ふだんはなかなか意識しないけれど、歩くこと、歩けるということは大変なことです。だから、僕は歩いているときに、突如「歩けてうれしいなぁ」と幸福感がわき上がってきたりすることがあります。

ふつうは歩けなくなったときにそういう感情が起きるものなのかもしれません。でも、歩けるときに、「歩けるのはいいことだな」と思えないといけないんですよ。

歩くことは難しい

内田　人間の不幸というのは、直立したことにあるという説がありますね。獣は、ふつう四足歩行で歩きますよね。人間ももともとは四つ足で動くための身体構造になっているんです。

育児中の名越康文《なこしやすふみ》先生（精神科医）からうかがったんですけれど、赤ちゃんが四つ足で歩いているのを見ていると、足裏がすごく活発に動いているんだそうです。立ち歩きしようとすると、すぐに転んでしまうほど歩行能力が低い赤ちゃんでも、四つん這《ば》いで歩くときは、ほとんど完成した動きをする。それはつまり、四足歩行のやり方は人間の本能に書き込まれているということですよね。

でも、人間は必ず直立を始めるんですね。無理なのに。身体が「そんなの無理だよ」と悲鳴を上げているのに、赤ちゃんはなんとしても立とうとする。「直立したい」というのは身体的な必要じゃなくて、多分、きわめて人間的な欲望なんです。

でも、本来四足歩行用に身体が設計されている以上、人間にとって直立というのは不自然なんです。だから、うまく立てない。立てないから、赤ちゃんはわあわあ泣く。立ちたいんだけれど、立てない自分の不能に対して怒る。そのうち、ふらふらしながらも立てるようになる。でも、手も足もまだちゃんとは機能していない。四足歩行のときは自由自在に動くんだけれど、直立歩行になると、途方に暮れている。

これ、不思議だと思うんですよね。なぜ人間は本能的に完成形を知っている四足歩行を捨てて、あえてやり方のわからない直立歩行を選択するのか。なぜ、そのような不自然な身体運用をすることを泣くほど欲望するのか。

直立歩行することになったので、人間は大脳《だいのう》が発達し、両手で道具を使うようになり、進化したんだという説明をしますけれど、そんなふうな説明ではどうしてわざわざあんなに不自由な身体運用を身をよじるほどに欲望するのか、僕には納得がゆかない。

二足歩行のほうが「気持ちがいい」というのなら、わかるんですよ。でも、二足歩行のほうが気持ちが悪い。バランスが悪くて、こけるし。腰痛だって、肩こりだって、痔疾《じしつ》だって、心臓疾患《しんぞうしっかん》だって、だいたい人間のかかる病気の多くは直立歩行のせいなんです。四つ足で歩いていれば、腰痛にも痔にもならない。痛風《つうふう》もそうなんですよ。現に僕は痛風のひどい発作が起こると、家で移動するときは、四つん這いになりますからね。足の先が地面に触れなきゃ、平気なんです。

直立歩行のほうが生物的には不便だし、不利なんです。にもかかわらず、人間はあえてそれを選んだ。

僕は直立歩行が、不安定で、ゆらゆら揺れるようなあの身体運用の「定型がない」という点に、その理由があるんじゃないかと思うんです。四足歩行という機能的な身体運用を捨てて、わざわざ不便な身体運用を選択したことによって、人間はサルと分岐したんじゃないか、と。

歩くというのが、おそらく「人間的能力」のいちばん根本にある。「うまく歩こう」

と望む人だけが、「人間はうまく歩けない」という根源的事実に思い至る。ふつうに歩いている人は、人間は誰でもうまく歩けると思っている。だから、歩くことの意味がわからない。

スイッチを切り替える能力

成瀬　僕は歩くことだけではなく、自分の一日の行動というのを全部効率で考えています。

たとえば、雑踏を歩くとき、ここから駅の改札口まで、どのルートで行ったらいちばん効率よく行けるかを考える。だから、いっぱいの人がいてもスーッと歩いて行けるわけです。

どのルートをたどればもっとも効率的かということが、目の前にたくさんの人がいても見える。自分の歩くべき最適化されたルートが見えてくるんです。それは、歩くとき以外でもそうだけれど、スイッチが押される感じです。

そういうスイッチを入れられる人と、入れられない人がいるのかもしれません。いろいろなシチュエーションで、スイッチをパッと切り替えられるかどうかですね。

この前も東京の五反田の事務所にいて、33分に五反田発のJR山手線に乗れるといいなと思っていた。27分くらいまでは、まだ事務所でのんびりしていたんです。「33分の電車の次は45分くらいになるな」と漠然と考えていたんですけれど、その27分の段階でピッとスイッチを入れたんです。

「よし、33分の電車に乗ろう!」と。それで、パパッと行ったんですけれど、「効率よく最短で行くにはどうすればいいか」と頭のなかで考えながら歩きました。そうすると、ふつうだと5~6分かかるところを、1分半か2分くらいで行けるんです。

僕は、そういうスイッチをパッと入れるのが、結構好きなんです。ゲームみたいで楽しい。この前も弟子たち3人でファミレスに行こうという話になって、5階の稽古場からエレベーターで降りた。ファミレスは稽古場から100メートルくらい先にあるのですが、下に降りたら忘れ物をしたことに気づいて、僕だけ5階まで忘れ物を取りに戻ったんです。

もう一度エレベーターで下に降りて、2人が歩いているところを僕は横をすり抜けて、先にファミレスに入りました。そのあと、僕が席に着いて、ひと息ついているところに2人が来たんですよ。そしたら、2人が「えっ、なんで?」という感じで驚いていました(笑)。

内田　2人は横を通ったのに、気がつかなかったんですか?

成瀬　全然、気がつかない(笑)。

内田　おもしろいですね。武道の場合は「いきなり始める」というのが基本なんです。ほんとうは準備体操をしてはいけない。いきなりゼロから最大出力になるのが武道的な身体運用なんです。だって、敵が急に斬りかかってきたときに、「ちょっと待ってね、いまから準備体操をするから」ということはできないですから。

成瀬　僕が教えているのは、体操ではなくヨーガです。教室では準備体操的なこともやりますが、それはあくまで形だけであって、準備体操もすでにヨーガなんです。スタートからヨーガなんですね。だから、最初に足首をできるだけゆっくり回すことをよくやるのですが、これもヨーガの瞑想です。

内田　もちろん柔軟体操もストレッチもやるんですけれど、原理的なことを言えば、武道家は道場に入った瞬間に、体感が一変しないといけないんです。道場の外と内の間の線を越えた瞬間に、パンとスイッチが入って、武道モードに切り替わる。それができないと武道の稽古にはならないんです。

だから、境界線の感覚というのはとても大切なんです。「結界」というのは術者といっしょに移動するわけですから、空間的にはなんの標識もないわけですけれど、「ここに結界がある」という感覚がないと稽古にはなりません。

武道家はまず自分の結界を作る。結界を作って、そこに入って来たものについては活殺《かっさつ》自在になる。「随処《ずいしょ》に主となる」というのはそのことだと思います。結界のなかにいる限り、場の主宰者である。だから、結界の意識が重要になるんです。

神前に礼をしたり、ふだんの洋服とは違う道着を着たりするのも、結界の意識を増幅させるための装置なんじゃないかなと思います。僕でも、道着じゃなくて、ジャージを着て稽古をしたら、やっぱり動きにくいと思います。ああいう道具を使って、武道的な感覚を増幅、強化しているわけですから。

歩き方は世界各国みな違う

内田　歩くことに関して、もうちょっとお話ししておきたいことがあるんです。さっきも申し上げましたけど、「歩く」という動作は、人類全員がしていることなんですけれど、これだけはなぜか定型がないんです。「これが万人にとっての正しい歩き方である」という定型がない。つまり、世界中のすべての社会集団ごとに歩き方がみな違う。ヨーロッパでもそうらしくて、隣の村の人たちの歩き方を見て、「あいつら、変な歩き方をしている」と笑う。ほかのことについてはだいたい標準的な型があるのに、なぜか人間にとってもっとも根源的な身体運用である直立歩行にだけ定型がない。

でも、赤ちゃんの四つん這いのしかたは世界中どこでも同じなんです。四足歩行は人間の本能に書き込まれているから、定型が共有されている。

成瀬　馬とか牛とか、動物の四つん這いも同じですね。

内田　ね。人間も犬も、四足歩行するときは、それほど違うことをしているわけじゃない。ところが、直立歩行になると、それがめちゃめちゃになる。まるで定型がないから。どんなふうに歩いても、正しいとも言えるし、間違っているとも言える。僕が見て、「ああ、この人はすばらしい、完璧な歩き方をしている」と思っても、別の国の人は「変な歩き方」といってげらげら笑うということがありうる。

何年か前、フランスのブザンソンという街で、ベトナムの人たちと知り合ったことがあるんです。ベトナムの人たちは、がに股に足を開いて、ずるずると足を引きずるように歩く。それがおかしくて、仲のよかったベトナム人の青年に「ベトナム人というのは、ずいぶん変なふうに歩くね」と言って、彼らの歩き方を真似してみせたことがある。そしたら、日ごろ温厚な彼が色をなして、「それのどこが変なんだよ！　君たちの歩き方のほうがよっぽど変だよ！」と言われてしまった（笑）。

そのとき、はっとして、結構真剣に考え込んでしまったんです。確かに海外旅行に行くと、顔を見ただけでは、中国人と韓国人と日本人の区別はできないけれど、歩き方を見ると、わかるでしょう。顔や服装は日本人みたいに見えるけれど、「日本人はこういう歩き方はしないよな」というのがあるじゃないですか。

そのとき、歩くというのは、人間にとって、もっとも基本的な身体運用であるにもかかわらず、定型がないということに気がついたんです。この歩き方がもっともバランスがいいとか、もっとも身体的に正しいとかということがない。だって、直立歩行って本質的にバランスが悪くて、身体に悪いんですから（笑）。

成瀬　その通りだと思います。

内田　人間が四足歩行のままであれば、いろいろな病気にかからずに済んだ。じゃあいったい、腰痛や痔疾や痛風を代償にして、人間はいったい何を手に入れたのか？　そう考えると答えは一つしかない。「定型を持たない身体運用を手に入れた」ということですよね。身体運用の自由を獲得したということですよね。

人間は直立歩行をすることによって、「どんなふうに歩いてもよい」という自由を手に入れた。僕はこれが人間がほかの動物と決定的に違うところじゃないかと思うんです。

僕は15年くらい能《のう》の稽古もしているんですけど、「能の摺《す》り足というのは、どうしてこう歩きづらいんだろう」とずっと思っていたんです。でも、長く稽古しているうちに、だんだん能の摺り足で歩くことが気持ちよくなってきた。

歩き方を変えるためには、実は全身の使い方をぜんぶ変えなくちゃいけないんです。極端に言えば、生き方まで変えなくちゃいけない。

能の摺り足というのは、実はきわめて不安定なんです。あれは湿田耕作のときに泥《でい》濘《ねい》のなかを歩く歩き方だから、腰を落として安定をはかっているのだという説明をする人がいますけれど、僕はちょっとその説明には納得できない。だって、摺り足って結構不安定だからです。

摺り足でそろそろと動いていると、不安定だから、自分の周囲のいろいろな環境条件に対して過敏にならざるをえない。地面の固さとか、粘度とか、着ている服の形や重さとか、横風とか、そういうものを勘定に入れながら歩かざるをえない。

能舞台の場合だと、シテ方（能の主人公である能楽師）が舞台に出ているときには、いっしょに舞台に出ているワキ方（能の脇役である能楽師）や、地謡《じうたい》や、囃子方《はやしかた》や、作り物がどれも何らかの「シグナル」を発信している。だから能舞台上にいるシテ方はそれらのシグナルに反応しながら動いているんです。地謡に強く引かれたらそちらに惹《ひ》きつけられ、囃子方に押し戻されたら後ろに下がる……そういうふうに舞台の上に行き交うシグナルに反応しながら歩く。自分で決めたリズムですたすた歩くというわけじゃない。でも、そういうふうにさまざまなシグナルの交響楽に身を任せて歩いていると、舞台上のすべてのファクターとシテ方の動きが渾然一体《こんぜんいったい》となって、ある種の美的調和が達成される。なんだか、そういう気がするんです。

シテ方が動きの主体で、歩みを完全にコントロールしているという気分でやると、動きがなんかごつごつしてきて見苦しい。それよりは舞台に作り出された秩序に自分の身体を放り込んで、その響きに身を任せたほうが、滑らかに動けるし、楽だし、多分、動きとしても美しい。

摺り足というのは、そういう「その場を領するざわめきのようなもの」にまるごと身を委《ゆだ》ねるための歩行法じゃないかなという気がするんです。そういう歩行法は、主体とか自我というものを重視するヨーロッパではまず成立しないんじゃないかな。

だから、「摺り足で歩く」ということは、単なる運動の仕方ということじゃなくて、それ自体がある社会集団の「種族の思想」のようなものを身体化していることになるんでしょうか。

だから、もちろん合気道のときは、能とはまた違う歩き方をしますし、日常生活でももちろん違う歩き方をしている。

そういうことが歩くということについてだけは可能なんですね。歩き方のレパートリーは、個人の決断によってふやせるんです。四足歩行は一つの方法しかないけれど、直立歩行については、努力しさえすれば、3つでも、4つでも、5つでも、6つでも、バリエーションをどんどんふやしていける。

歩くという、人間にとっていちばん基本的な身体運用が開放系である、オープンエンドになっている。だから歩くことは、人間が発明した身体運用のなかでいちばん「人間的」なものなんじゃないかな、と。そういうふうに思うんです。

以前、成瀬先生が、「歩いているときは、センサーの感度がいちばん敏感になっている」ということをおっしゃいましたけれど、考えてみたら、当たり前なんですよね。それは歩くときの人間がいちばん不安定だから。あえて「変なこと」をしているわけですから、ある限りの身体資源を全部動員しないと「うまく歩けない」んですよ。

老人の場合、大腿骨《だいたいこつ》を骨折して、一気にボケたという話をよく聞きますね。僕はその理由がわかるような気がするんです。移動の自由が阻害《そがい》されてつらいということ以上に、もっと根本的な、人間だけが持つことを許された身体運用の開放性、人間的自由が傷つけられたことが理由なんじゃないかと思うんです。

成瀬　そういうことかもしれないですね。歩けるというのは、すごくピュアなんです。今、歩けている人は、可能な限りそれを維持しなければいけませんね。

歩行のレパートリーをふやす

内田　僕は、歩ける人に向かって、「いろいろな歩き方を試みてみたらいかがでしょうか」と提言したいんです。成瀬先生も、歩いているとき、いろいろなことを試されているんでしょう?

成瀬　先ほども触れたけれど、僕には歩くためのギアが4速あり、ギアチェンジができます。

ギアチェンジをすると、スピードだけでなく、股関節や膝、足首の使い方などが変わります。重心を下げることも重要ですね。要するに、いちばん効率のいい歩き方は何かということを常に考えるわけです。

歩幅で言えば、今のここに足を置く位置よりもあと1~2ミリ先へ出す方法はないかということを常に研究しています。そうすると、「ここはもうちょっと伸びるかな」といった身体の細かな使い方が見つかります。それが非常におもしろいんですね。

内田　歩行は、不安定と安定のくり返しですからね。不安定な状態を作っておいて、それを一気に安定に持っていく。

化学的に言うと、「爆発」というのは不安定な状態が一気に安定状態に戻ることなんです。ですから、歩くとき人間は一歩進むごとに小爆発をくり返している。

不安定な状態から一気に安定を回復し、また次に不安定になり、それがまた爆発的に安定する。

能の摺り足も、意図的に不安定な状態を作る。そして、どうしても、これはもう爆発するしかない、という時点まで引っ張って、そこでこれしかないというタイミングで、これしかないという形で足を進める。

緊張が高まって、それが一気に解消して、また高まって、また解消する。そのくり返しなんです。主体的に身体を操作しているというよりは、波動に身を任せている。

ですから、一流の能楽師《のうがくし》が歩くと、橋掛《はしが》かり（揚幕《あげまく》から本舞台へとつながる長い廊下部分）から一間ほどの距離をただ摺り足で歩いただけで、見所《けんじょ》の観客が息を飲むような緊張感が出ることがあるんです。素人がゆっくり歩いても、それはただ歩いているだけなんですけれど、名人が歩くと、空間そのものが変容する。個人的には、バレエの超絶技巧的な舞踊よりも、能楽の摺り足のほうが空間変容力は高いんじゃないかという気がします。

緊張感のある空気は集中力が作る

成瀬　緊張感のある空気を作り出すのは、やはり集中力ですね。僕は、イベントなどでたまに「舞い瞑想」という舞いをします。坐ってする瞑想ではなくて、踊りながらする瞑想といっていいでしょう。

内田　合気道も動く禅、動く瞑想と言いますしね。

成瀬　長いときは一人で30分程度、舞い瞑想をします。その間、観客の集中は途切れず、ずっと持続したままです。

舞い瞑想には、意図的に音を入れるようにしています。僕は無音でかまわないのですが、見ているほうがまいってしまう。観客は、集中力が30分間も持たないんです。音があると、見ているほうはいくぶん楽になります。まったくの無音状態のまま、30分間、舞い瞑想に集中しているのはつらいんです。

内田　そうかもしれないですね。観客は、成瀬先生の舞いを見ながら、脳のなかで同じ動きを再現しようと仮想的身体運用をしている。あまりすごいことをされたら、頭がだんだん疲れてしまう（笑）。

成瀬　結局、集中力なんです。たとえば、今はふつうにしゃべっているけれど、舞い瞑想をすると、いきなり場が変わる。空気が変わります。少しやってみましょうか。

（ここで、成瀬先生が舞い瞑想を実演する）

内田　これはすごいですね。バランスが完璧ですね。身体のほかの部位の設定条件を決めておき、そこから必然的な動きを導いているんですね。目線と足踏みと股関節の開きを決め、右手がこう上がったら絶対に左手はこうなる以外にないという必然がありますよね。舞い瞑想でのポーズは、これ以外にバランスは取れないという決定打の連続ですね。

成瀬　これを約30分間無音ですると、観客が「ごめんなさい」と言うくらい精神的にまいってしまう。ここでは1分間くらいしか行っていませんが、この短時間でも息をのむ体験だったのではないかと思います。

内田　見ていて、ほんとうに呼吸が難しかったです。先生が息継ぎをしてくれればいいんですけれど、息継ぎがずっと見えなかったから。

成瀬　30分間行っても、それは同じです。僕は息継ぎを見せません。それに、ゼロではないけれど、瞬《まただ》きもほとんどしない。完璧な集中状態でずっと動くために、観客は疲れてしまうんだよね。

内田　疲れるというか、息が詰まる感じがします（笑）。

成瀬　だから音が入っていると、いくぶんか楽になるんです。

内田　リズムがあると、それに合わせて呼吸できますからね。これは、おもしろいなあ。暗黒舞踏にも通じるものがありますね。ニジンスキー（ロシアの天才的バレエダンサー、振付師。1890～1950年）の『牧神《ぼくしん》の午後《ごご》』というのは、映像資料は残っていないんですけれど、おそらく部分的にこれにはかなり近いものだったんじゃないかなあ。

成瀬　舞い瞑想は、舞いではあるけれど、踊りではないんですよね。ただ、踊りのような芸術性もおそらくあるとは思います。

内田　形としては、中国武道の拳の形にも似ていますよね。部分的にはまったく同じ動きがあるみたいです。

優秀な指揮官には弾がよける

内田　成瀬先生は、毎年、ヒマラヤ山中のゴームクで修行をされていますが、クレバスなんかに落ちることはないんでしょう。

　実際に戦争を体験した人たちが制作した戦争映画を見ると、優秀な指揮官というのは平気で前に出ていきますね。まるで「俺、弾が当たらないから」というみたいに。実際にそういう人じゃないと、前線では使いものにならなかっただろうと思いますね。指揮官が前線で怯《おび》えていたら、兵士だってついて行きませんから。「俺には絶対に弾は当たらない」という人が「行くぞ！」と言えば、「この人の後ろにいれば、生きて帰れるんじゃないか」とみんな思ってついて行く。

　それと、実際に「俺には弾が当たらない」というのは、優秀な指揮官には実感としてあるんじゃないかと思うんです。感覚のいい人は、「なんとなくこっちは平気」と言って、微妙によけているように思います。そういうことができる身体能力が、人間には潜在的にあると思う。植芝盛平《うえしばもりへい》先生（合気道の開祖。１８８３〜１９６９年）は、実際にモンゴルで匪賊《ひぞく》と遭遇《そうぐう》したときに飛んでくる実弾が見えたので、よけられたという逸話が残っていますし。

　今は、人間がほいほいと弾をよけるということはありえないという前提で戦争映画は作られています。撃たれて人がどんどん死んでしまう。でも、よく考えたらわかりますけれど、それだったら戦争なんてできるはずがない。

優秀な指揮官と凡庸な指揮官がいると思うんですけれど、その差というのは、「とにかく、あの人についていけば大丈夫だ」という無根拠な信頼があるかどうかだと思うんです。その人には弾が当たらないから、その人の後ろにへばりついていれば、弾は当たらない。だから、みんなぞろぞろついて行く。そういう人だけが自由自在に兵士を動かすことができる。そういうものじゃないかと思うんです。

成瀬先生もおそらく同じだと思うんです。先生の歩いたあとについて行けば、クレバスに落ちない。たぶん、いっしょに行かれた人たちはそう思っているはずなんです。そういうような人がいないと、ヒマラヤなんか怖くて行けませんよ。集団で何かを成し遂げるためには、「絶対に道を間違えない先達《せんだつ》」が必要なんだと思います。

成瀬　確かにそういう面はあるかもしれません。ゴームクは、ヒマラヤ山中で標高4000メートルもあり、ガンジス河の源流に当たる地点です。そんな高い標高で切り立った崖を登ったりするので、非常に危険なんですよ。

あるときには、人の胴体くらいある岩が僕のところにボーンと落ちてきて、みんながハッと固まったことがあった。だけれども、岩は僕の足の直前をスッとすり抜けていったんです。

そのとき、岩が当たるというか、岩が僕の身体に触りました。でも、一瞬のかわし方で避けている。「こういうふうに避けたよ」という説明はできないけれど、ハッとした瞬間に最良の避け方を選択しているんでしょう。

そうした場所でも、僕は日本にいる以上の早足でどんどん歩いていますね。

空中歩行のテクニック

内田　次の会でやるので、今「山姥《やまんば》」という舞囃子の「立廻り」という動きを稽古しているんです。ただ杖《つえ》を突きながら舞台をくるくる歩くだけの舞なんです。「これはなんの動きなんですか?」と師匠の下川宜長《しもかわよしなが》先生にうかがったら、「これは山姥が『山廻り』をしているところだ」という説明をしてくれました。

「山廻り」というのは、「見るや見るやと峯に翔《かけ》り、谷に響きて、今まで此処にあるよと見えしが、山また山に、山廻りして」という詞章《ししょう》から想像するに、山姥が超高速で峰や谷を駆け巡っていくことのようなんです。

遠くの空を飛行機が超高速で飛んでいても、地上にいる我々にはゆっくりにしか見えません。それと同じ道理で、山姥が山谷を駆け巡っている状態も、遠くから見るとゆっくり見えるので、それを写したものだと先生はおっしゃるのです。

「そのつもりでやるように」と師匠に言われたときに、成瀬先生のヒマラヤを走る、超高速で山歩きをするお話を思い出したんですよ。中世の日本人にも、そういう超高速で山歩きするような身体能力があったんじゃないでしょうか。

成瀬　昔のチベット行者は、「ルンゴム」という空中歩行のテクニックを使っていたそうです。今はできる人がいるかどうかわからないけれど、同じような歩行を日本でも昔はしていた人はいたことでしょう。

こうしたテクニックは、必要性から生まれてきます。新幹線などない昔に、すごく遠いところに今日中に行きたいという必要性があったからこそ、ルンゴムはできたんです。人間、必要性や実用性がないことはやっぱりできないんですよ。

だから、現代人が160キロ離れたところに、今日中に走って行こうと思ってもできません。そんなことをわざわざしなくても、新幹線もあるし、車もありますから。

内田　甲野善紀《こうのよしのり》先生（松聲館《しょうせいかん》主宰。武術を主体とした身体技法の研究家）からうかがった話ですが、江戸時代の飛脚は一日200キロくらいは走った人がいたそうですね。

成瀬　200キロもですか。160キロくらいはほんとうにあったと思いますね。

ルンゴムのテクニックはおもしろいんです。自分が見える範囲でいちばん遠くにあるもの、たとえばいちばん遠くに岩が見えたら、まずそこに視点を定めます。そして、

「岩に自分はすでに行っている」と、自分の意識をその岩の位置に飛ばすんです。ただ、身体は当然まだこっちにある。でも、そんなふうに自分の意識を飛ばした途端に、身体も岩の近くにすでにあるようになってくる。これをくり返していくと、空中歩行のように場所の地形に影響を受けず、早く目的地に着けるというのです。

内田　山姥の話をブログに書いたら、笹本猛さんから「それはルンゴムですよ」というメールをいただきました。

そのメールのなかで、「感じとしては、ネズミがクルクル回る車輪、ああいう車輪を自分でクルクル回して、その車輪ごと進むような感じだ」ということが書いてありました。

成瀬　「樽のなかを行く」というのは、ルンゴムの感覚をつかむための練習の一つです。

ルンゴムでは、実際に空中を歩くのではありません。意識的にはそれに近い状態なんですが、地面をドタドタと歩くのではなく、地面と自分の足の間にクッションがある感じで歩くんです。

その感覚をつかむ練習のために、人が入れるくらい大きな樽を横に倒して、そのなかに入って歩きます。この練習では、足は常に地面から数センチ離れています。これをくり返すことにより、足が雲の上に乗っているような歩行の感覚をつかめるんです。

雪道を歩いても足跡を残さない

内田　これも何かの本で読んだ話ですが、「昭和の剣聖」と言われた中山博道《なかやまはくどう》（1872〜1958年）が若いころ、高名な剣客に「一手御指南《いってごしなん》」と道場に行ったことがあったそうです。そのとき、玄関から道場の奥まで濡れた和紙が置かれていて、「この紙の上を歩いて来なさい」と言われたそうです。

中山博道も、「濡れた和紙を踏んで、もし破ったら修行が足りんと言われるんだろうな」と察して、必死の思いで、玄関から奥まで和紙を破らずに歩いて行った。それを見て「ふむ、そこそこ稽古はできているようだな」と、剣談に入ったという話があります。

歩き方には、その人の身体能力のいちばん総合的な能力が出るんでしょうね。

成瀬　そう言えば、雪が降った日に作家の今野敏《こんのびん》さんといっしょに歩いていたら、彼は僕の足跡がないのに驚いていましたね（笑）。

内田　（笑）足跡がないんですか。そりゃ、すごいや。

武道の動きでも、最初のチェックポイントはやっぱり「足踏み」なんです。地面の上のどこに自分の立ち位置を決めるか。それが最初。どこに足を置くか、それがいちばん大切なことだと習いました。

今、僕らはフラットで安定したところをベースにして暮らしているので、足踏みの重要性は忘れがちですけれど、もともと日本みたいな温帯で泥濘の多い土地だと、下はだいたいがヌルヌル、グチャグチャだったわけでしょう。湿田耕作の場合、ズブズブッと足が潜って、そこから足を抜き出して、前へ進めるということをしながら農作業をしていた。効率は悪いし、動きは遅いし、疲れますよね。

だから、もし泥田の上をスルスルッと足跡が残らないように滑るように歩くことができたら、それはきわめて有用性の高い技術だということになったはずなんです。滑るように、それこそ足跡が残らないように歩くというのは、かなり優先順位の高い技術だったんじゃないかな。

1人より2人のほうが身体能力は高まる

内田　これは分子生物学の福岡伸一《ふくおかしんいち》先生の本で読んで、教えてもらったことなんですけれど、運動の精度というのは、実は自由な粒子の数で決まるらしいんです。

「平方根の法則」というのがあって、物体を構成する粒子数の平方根に当たる数の粒子だけはほかと違って、ランダムに運動をする。ですから、たとえば、自由な粒子が１００個あると、１００の平方根である10個の粒子はほかの粒子と違う動きをする。90個の粒子が上昇するときに、10個の粒子だけは下降する。10パーセントの粒子だけがつねに全体と違う動きをする。これを運動誤差と考えると、ある動作をしようとしたときに、10回に1回はやろうとしたことと違うことをしてしまう。

粒子の数が1万個だと、平方根は１００だから、1万分の１００。1パーセントの粒子が標準から外れる。運動誤差は１００回に1回、10分の1にへる。

それを見て、「平方根の法則」を武道の運動精度に置き換えて考えることはできないだろうか、と僕は思ったんです。

つまり、システムを構成していて自由に動く粒子の数がふえればふえるほど、そのシステム内ででたらめな動きをする粒子のパーセンテージはへる。だから、運動の精度は上がる。

そう考えると、身体運動の精度というのは、どれだけ緻密に筋肉や関節をコントロールするかではなく、逆にどれくらいの粒子数が自由に動いているかによって決まることになる。システム内で自由に動く粒子の数が多ければ多いほど、つまり、分母が大きいほど、運動の斉一性《せいいつせい》を攪乱《かくらん》する要素は少なくなる。そういう仮説が成り立つんじゃないかと思ったんです。この仮説は経験的な身体感覚とは符合するんです。

どんな身体操作でも、精度の高い動きをしようと思ったら、「リラックスしろ」と言いますよね。針の穴に糸を通すとか、薄刃で刺身を切るとかいうときに、肩にガチガチに力が入って、身体がこわばっていたら、まずうまくいかない。

体術の場合でも同じで、精密な運動をしようと思ったら、リラックスして、身体の自由度を上げたほうがいい。どこにもこわばりや詰まりがないほうが、運動精度は上がる。それは要するに「自由に運動している粒子の絶対数をふやす」ということじゃないか、そういうふうに考えたんです。

そこまでは、だいたい誰でもわかると思うんですけれど、もう一歩踏み込んで、どうして「形稽古」というものがあるのか、というのもその仮説で説明できるんじゃないかと思ったんです。

自分の身体の自由粒子の数はリラックスすればふやせる。でも、体術の場合だと、目の前にもう一個生物体があるじゃないですか。受けの人が。受けの人をリラックスさせて、その人の身体の自由粒子のパーセンテージを上げて、この2人が一体的に動けば、つまり、分子数が2倍の身体として動くなら、理論的には分母は2倍にまでふやせるはずでしょう。

稽古で運動精度を上げようと思ったら、1人でするよりも2人でしたほうがいい。それも、相手が恐怖心や緊張感で硬直してしまっているより、のびのびとリラックスして、どこにもこわばりや詰まりがないほうが、2人で行う形の精度は向上する。それは、経験的には間違いないことなんです。

だから、体術で精度の高い動きをしようと思ったら、どうやって相手の心身をリラックスさせるか、それを考えればよい、と。

これ、かなり「コロンブスの卵」的な発見です。でも、ほんとうに「そう言われれば、そうだよ」ということなんです。だって、形稽古では、相手が恐怖心や焦燥感で硬直していたら、まるで技がかからないんです。もちろん、ガチガチに固まっている相手なら、そのまま殴りつければいいとか、ズバッと斬ってしまえばいいという言い方もできるけれど、それでは術の稽古にはならない。

緻密な身体操作をしようと思ったら、受け・取りが一体化する。かつそれぞれがじゅうぶんにリラックスしている。そうすれば、理論的には、1人では決して達成できないレベルの運動精度が実現できる。

成瀬　まさにそうだと思います。ヨーガ自体は1人でするものだけれど、実はレベルを上げていくためには、2人、3人とかで組んでしたほうがいいんですよ。たとえば研修のときには、必ず3人で組んでやってもらうようにしています。1人がやっているところをほかの2人が見て、動きを評価したりする。

身体の動きを学ぶうえで、人の動きを見るのは大事なんです。自分がやっているときには、自分の背中の状態はわからない。だけれども、人がやっているところを見ると、「俺もこういう状態なのかな」とわかってくる。だから、人を見るのはものすごく重要です。

内田　やっぱりそうですか。

強弱勝負を論ぜずというのは、相手を「倒そう」という相対的な気持ちでいると、当たり前ですが、「相手はできるだけ弱いほうがいい」ということになる。自分が強いのと、相手が弱いのでは、勝負強弱という相対的関係だけでとらえたら、同じことですから。

でも、「弱い相手」というのは、要するにガチガチにこわばって、恐怖や焦燥で居《い》着《つ》いて、身動きできなくなっている人間のことなんです。だから、勝負を競うと、どうやって相手を居着かせるか、どうやって相手をリラックスさせないか、という方向に工夫が向かってしまう。試合に勝つことを目的にすると、相手の能力をいかにして下げるかということが稽古目標の一つになり、いつか、それが全部になってしまう。

確かに生き死にの修羅場では、そういう状況に行き当たることはありえますし、奇声を発したり、にらみつけたりすることが試合では有効だということもあるでしょうけれど、それは他人の身体能力を下げる訓練ではあっても、自分の身体能力を高める訓練とは言えないと僕は思います。むしろ、強弱勝敗にこだわればこだわるほど、運動精度は下がるんじゃないかと僕は思っているんです。

見るだけで運動能力は高まる

内田　武道には、「見取り稽古」というものがあります。下手に一人でドタバタ稽古するよりも、うまい人の動きを黙って坐って見ているほうがずっと効果的なんです。初心者は、「自分が動かないで稽古になるはずがない」と思いますが、そういうものじゃないんです。動かなくても、見ているだけで非常にいい稽古になる。

他人の動きを見ているとき、脳内では、「ミラーニューロン」という神経細胞が発火しているそうです。他人と同じ動作を脳はシミュレートしている。筋肉への出力回路は遮断《しゃだん》されているので、動きには繋《つな》がらない。でも、脳内では運動の「下絵」は描かれている。だから、このミラーニューロンをもう一度発火させて、出力回路に繋げば、理論的には、達人の動きをそのまま再現できる。あくまで理論的には、ですけど。

でも、確かにじっと坐って、頭のなかで、くり返し、くり返し理想的な動きを想像的にトレースしているというのは、ほんとうにいい稽古になるんです。

脳科学者の池谷裕二《いけがやゆうじ》さんに聞いた話ですけれど、ある技術を「毎日一定時間練習するグループ」と「それよりは短い時間だけ練習して、あとはイメージ・トレーニングするグループ」では、イメージ・トレーニングのグループのほうが成績はいいんだそうです。

成瀬　ヨーガでも、人の動きをちゃんと見抜けるようになってくると、レベルが上がっていきますね。「あっ、この人はこういうふうにやっている。ここがよくない。ここはこうしたほうがいい」ということがわかるようになればなるほど、自分のレベルが上がっていきます。

師匠を選ぶ際の注意点

成瀬　今日は内田さんの道場の稽古を見させていただきましたが、関節部分が非常に緩んでいる人がいましたね。また、時間がたつうちに、だんだんと緩んでくる人がいました。

内田　成瀬先生でしたら、誰が何年稽古していて、何段くらいなのか、だいたいわかるんじゃないですか。

成瀬　そこまで細かいことはわかりませんが、動きだけで「ああ、この人、今は硬いな」とか、「2、3時間の間に、この人はずいぶんと緩んできたな」というのは見えますね。硬い部分も肩が硬い人と腰が硬い人など、いろいろ違うんですよね。だから、見ていて全然飽きることがない。

内田　僕自身、身体には癖があります。そんな人間がずっと教えているわけですから、みんな僕に似てくるんですよね。僕と同じところが硬くなる。僕自身が身体をよくしていかないと、みんながそのまま真似してしまうんです。動きがそっくりになってしまう。すぐに出自《しゅつじ》がわかってしまうんですよ。あまりうれしい話ではありませんが、同門のところに行くと、「あんた内田さんところの弟子か」と言われてしまう（笑）。

身体の使い方といった文法みたいなものが同じになるんですね。あるいは身体語彙《しんたいごい》と言ってもいいと思います。だから、当然、僕の動きにはない語彙というのがあるんですよ。

ある人はその語彙を使って身体を使う。僕はそれができないので、その部分の単語がないわけですよね。だから、弟子たちはそれを見せられても、見たことないからわからないし、意味がわからないし、聞き取れないし、真似もできない。意味の「虫食い状態」になる。

その虫食いの部分は、僕が自分の身体で埋めてあげないといけない。そのためには僕が上達しないといけない。僕にできないことをやらせるというのは、理論的には可能なんですけれど、難しいんです。

僕の道場でも、僕にできないことができてしまう子というのが、ときどきいます。僕自身は動きでは示せないことを、言葉で説明しただけで、「こうですか?」と言って、できてしまう子がいる。そういう子ばかりなら苦労はないんですけど。手順としては、僕がある程度できないといけませんね。僕が5できていることを10できる子はいるけれど、僕がゼロのものはやはり無理ですからね。

成瀬　教える人は、それだけの懐の深さというか、間口の広さが絶対必要です。だから師を選ぶときには注意が必要で、選んだ師の存在だけでずいぶん上達の度合いが変わってきます。

たとえば、言い方は悪いかもしれませんが、レベル5の先生についたら、5のレベルになるのは大変です。だけど、レベル10の先生についたら、5のレベルになるのは簡単です。

内田　レベル5の先生についている人は、5のレベルから先にはなかなか行けないんです。レベルの低い先生というのは潰《つぶ》しにかかる傾向があるんですよね。技量の低い先生は、弟子がすぐにできるようになるので、自分がすぐに追い越されてしまう。そうなるのは困るわけです。

そのため、あれこれと厳しく指導したりする。教えるほうは弟子の成長を願ってやっているのだという言い分があるのかもしれないけど、どんなに努力しても、「ダメだ、ダメだ」と言うばかりで、精神的に追い込む先生は多いですね。

成瀬　レベルの低い先生ほど、それをしてしまうよね。要するに、自分と同レベルまですぐに来られてしまうと嫌だから、なるべく押さえ込んだり、教えなかったり、めちゃくちゃなこと教えたりする。

内田　いきなり難度の高い技術を課して、「これくらいのことができないようでは、どうしようもない」とか言ったりね。

奥義・秘伝は最初に伝えるべき

内田　それと、「奥義には順番があるから、まだまだお前には教えられない」という先生もいます。でも、どうなんだろう。奥義や秘伝というのは、実はいちばん最初に教えるべきものじゃないかと僕は思っているんです。最初に公開してもぜんぜんかまわないと思う。

だって、初心者には、どうせ言ってもわからないんですから。わからないんだけれど、なかには「おお、これは奥が深い」と思う人がいるかもしれない。極意を開示しないというのは、稽古する人たちはしょせん素人であって、名人・達人の境地を目指しているわけではない、という侮りがあるからだと思うんです。ちょっと汗かいて、筋肉がついて、ウェストが引き締まるくらいのことが目的で来ているなら、極意なんか教えるのは時間の無駄だ、と。

でも、僕は、学ぶ側がどんな動機で入門してきたとしても、教える側は自分が習ったことのうちの最良のものをまっすぐに伝えるべきだと思うんです。僕は、多田先生から教わったことはすべて、一つ残らず弟子たち全員に伝えたい。このレベルまで来たらそのとき教える、というようなことはできない。

古流だと、「この部分は秘儀で、一子相伝《いっしそうでん》。極意は口伝につき、他言まかりならん」という縛りがありますけれど、明治維新や先の敗戦のような歴史的な激動に遭遇したときに、そういう秘伝的なものは実は脆《もろ》いんです。実際に、明治維新のときには、室町時代以来一子相伝的に継承されてきた武道の古流のほとんどは消滅してしまったわけですから。

成瀬　レベルが低い先生や自信のない先生ほど、「もっとすごいものがあるんだよ」と言うんです。実はなんにもないのに、何かあるような思わせぶりなことを言ったりするんだよね。

ヨーガの先生でも、身体が硬くて、あんまりいろいろなポーズを取れない人もいます。もちろん、そんな先生のところにも、先生より身体の柔らかい生徒がいっぱい来るわけです。

そうすると、レベルの低い先生は、「こういうポーズをしろ」と、難しいポーズを言う。それができると、今度はもっと難しいポーズをと、次々と難題を要求し、まるで中国雑技団みたいなポーズをやらせるわけです。もちろん、先生はできないのにです。

結局、そんなのはヨーガではありません。ヨーガの本質は、難しいポーズにあるのではなくて、もっと内面的な問題ですから。ポーズでいえば、中国雑技団のほうが上手なわけです。先生自身ができないのに、弟子にどんどん難しいことをさせるというのは、本人に自信がないからです。

僕は、「難しいポーズをしろ」とは言いません。身体が硬くてポーズができなくてもいい。僕はむしろ、「それでいい」と言うほうですからね。身体が硬いほうが、それだけ気づきもたくさんあるわけです。

勘違《かんちが》いしている人は、自分にそれだけの貯金や引き出ししかないんです。よくできる人がいると、自分のなかにはなんにもないのを脇へ置いといて、その人を追い込もうとする。追い込む必要なんて、全然ないのに。

身体が柔らかくても硬くても、ヨーガというのは自分を見つめればいいだけのこと。自分を知ろうとすればいいだけのことなんです。だから、先生のほうに技量がないと、自然とそういうことになってしまう。

内田　僕はたいした技量じゃないんですけれど、多田先生を見てきているので、多田先生ができることは、「人間にはできること」だと思っています。僕にはできなくても、実際に先生ができているということと、「これはこうやってやるんだ」という先生の言葉は覚えています。教え方の手順だけは覚えている。

ですから、僕の弟子のなかで才能のある人なら、僕にできなかったことができるかもしれない。たとえ直接の門人たちができなくても、教え方が伝わるなら、3代後、4代後、5代後くらいに、どこかのはずみで多田先生と同じことができる人が出てくる可能性があるわけです。

正しく伝えてさえいれば、「できる・できない」というのはあまり意味がなくていいと思うんですよ。「あそこに行くんだよ」という目的地をはっきり示していればいいわけです。

僕が「向こうに行くんだよ」と指示したわけですから、そのときに弟子が僕のところにいようが、違う道場にいようが、教えたのは僕です。師弟関係として、「僕よりもうまくできるので悔しい」と言って、邪魔することは全然ないし、悔しがる必要もない。

僕は、自分の弟子がどんどん僕よりも技量的に上に行ってほしいと思っているんです。できたら全員、僕を越えていただきたい。内田道場でいちばんできないのは、内田本人だというくらいに（笑）。ほんとに、もし先生がいちばん下手っぴという道場があったとしたら、それは技芸の伝承ということについては最も成功した道場ということになりますからね。

成瀬　そうですよね。僕もそういうタイプです。僕よりすごい空中浮揚をしてくれてOK。「どうぞやってください」というスタンスだけれど、今のところなかなか出てこないだけ。僕のほうでは、すべてオープンだから。僕が持っているテクニックはなんでも教えています。

たとえば、ブッダが空中浮揚をできた可能性もあるし、ミラレパという数百年前のチベットの行者が空中に浮いたという話もある。だから、そういう人はなんらかの形で空中浮揚ができたわけですね。経典《きょうてん》にも書いてある。たまにそういう人が出てくるわけですよ。

僕も、歴史のなかでたまたまそういう役割を与えられたのかなと思っているだけです。方向性さえ間違っていなければいい。その中継地点が僕みたいなものですから。

他者との勝ち負けに意味はない

内田　「リレーする」というか、「パス」するというか、僕たちはそういう流れのなかにいると思うんです。流れを輪切りにして、同時代、同世代集団内部で誰が強いか、うまいかということを相対的に比較することには、ほとんど意味がないと思う。問題は何を継承し、何を伝えていくかということですから。
学校教育でも同じです。大事なのは、同学年のなかでどれくらい偏差値が高いか、誰よりもスコアが高いかという問題ではなくて、自分自身の生得的なポテンシャルをどのくらい開花させたかという、自分自身の成長の問題なんですから。
比較の対象は自分しかいないんです。昨日の自分に比べて、今日の自分はどのくらい変わったかと。それだけ考えていればいい。横にいる他の人と比べて、誰より巧《うま》いとか強いとかいうことには、ほとんど意味がないと僕は思っています。

成瀬　そこが重要ですね。だから、お山の大将になったらダメ。山のてっぺんに登ってしまうと、それより上には行けないわけです。まだまだ上があると思っているほうが絶対いい。そうすれば、もっと上に行けます。
まだ上があると思えば、人間は行くことができる。だけど、自分が頂上に来てしまったと思えば、その人はそこから下るしかない。

内田　競争ということがまさに上達の妨げになっていると僕は思っているんです。
ほかの条件をいっしょにしておいて、個別的な能力を数値的に競う競争では、その試合で1位になった時点で全部が終わってしまう。ふつうは勝って驕《おご》り、負けていじけるだけなんです。競争というのは、人間の潜在能力を開花させるためには、非常に不利なシステムだと思う。

でも、ほとんどの人は逆に考えている。競争して勝った人間には褒賞を与え、負けた人間に罰を与えるようにすれば、人間は必死になって努力する。人間の潜在可能性は最大化すると思っている。それはあまりに人間理解が浅いと思います。

せっかくそれぞれに個性的な素質を持って生まれた人たちが、強弱勝敗の枠組みのなかに放り込まれて、数値的、外形的に計量できる部分だけを取り出されて優劣の格付けをされる。そのことのどこがいいのか、僕にはさっぱりわからないんです。

若いときに、相対的な競争で優位に格付けされたせいで、そこで伸びるのが終わったという例なら、僕はいっぱい見てきましたから。本当にもったいないと思うんですよ。せっかくすばらしい素質に恵まれながら、若い時期に同世代のトップに立ったせいで、それから何をしていいかわからなくなってしまった人って、本当にあとがきついんです。競争は百害あって五利くらいしかない（笑）。

競うべきは昨日の自分のみ

成瀬　競争とは、結局、自分とするしかないんです。自分との競争だったら、生涯続けてOKなんだよね。昨日の自分より、今日の自分のほうがレベルが上がったというのがいい。それは、もう生涯続けるべきことです。

ヨーガの思想自体がまさにそうであって、誰かと競争するわけではありません。だから、「この人より俺のほうが身体が柔らかい」ということは、ほんとうにどうでもいいんです。

昨日の私より、今日の私のほうが身体が柔らかくなったということでいい。逆に、昨日の私より、今日の私のほうが身体が硬くなったというのでもOKなんです。

誰でも歳を取れば、身体の一部が硬くなる。柔らかくなり続けたら、それはタコです。それも困ったものでしょう（笑）。

歳を取ったら、身体はだんだん反れなくなる。それは当たり前のことです。柔らかくなる部分もあるけれど、硬くなる部分もあります。

内田　身体の心肺機能とかは全部衰えますね。僕も60歳ですから。衰える部分もあるし、なかなか衰えない部分もある。

もちろん、パワーやエネルギーは衰えます。若いころだったら馬力でごまかせたことが、歳を取るとごまかせなくなる。

成瀬　ごまかせなくなる分、身体の使い方がうまくなるんですよ。

内田　ですね。使える身体資源がだんだんへってくるから、「ありものの使い回し」がうまくなる。無駄なことしませんから。

若いときは、エネルギーが余っているから、つい無駄なことがしたくなるじゃないですか。力をかけずにスッとやればいいものを、わざわざ大騒ぎしてどたばたやって、汗をたくさんかくのが楽しい。若いというのは、そういうものだからしようがないんですけどね。

だから、若い人に向かって「無駄をするな」と言うのはちょっと気の毒なんですよね。「侘《わ》び寂《さ》び」の合気道をさせても、それは若い人にはつまらないかもしれないかも。それぞれの年齢とか身体能力に応じて、やりたいことも、できることも違ってくる。

だから、さっきさんざん「競争はいかん」と言いましたけれど、ああいう「無駄なこと」をやりたいのが若いということなのであるということになると（笑）、頭ごなしに「強弱勝敗を論じてはならん」とも言いにくいですね。

成瀬　多田先生は、80歳にして日々進化していますね。それは正しいと思います。

自戒を込めて言いたいのですが、年齢に関係なく、70歳だろうと、80歳だろうと、90歳だろうと、日々進化するように心がけたい。その人のなかで、日々新たな発見があり、新たな何かが身についていくべきです。

内田　僕は60歳になって大学を退職して、これからようやく専業武道家になろうというところです。ふつうはなかなかいないですよね。六十の手習いというのはあるけれど、60歳から専業武道家というのは。

でも、僕はあえて専業武道家を名乗ろうと思っているんです。僕程度の身体能力で、武道の専門家になれるということを見たら、後続世代にとってはすごく励《はげ》みになると思うから。「内田さんくらいでも専門家でいけるのか、じゃあオレも」というふうに思う人が続々と出てくれば、武道そのものの進化のためには、いいことだと思うんです。

少し前までは、すごく素質に恵まれた子でも、大学卒業するときに合気道専門でいくか会社勤めをするか、ずいぶん迷っていましたから。

「僕程度の人間は、とても専門家として武道家になれません」と言う人がよくいます。謙遜しているのか、自信がないのか、よくわからない。君はそれでいいかもしれないけれども、あとの人たちがいるんだから。そこは多少無理しないと。先行世代の仕事は、あとから来る世代のために、階段を作ってあげる、つり橋かけてあげるということでしょう。一人が無理してやっておけば、あとの人が楽になる。

武道の専門家のハードルをものすごく高く上げて、「これくらいできないとプロとは言えん」と言ってしまうと、みんな怯《おび》えてしまう。プロの条件をあまりつり上げると、かえってその技術体系自体が衰えてしまうということがある。

だから、僕程度の技量でも専門家を名乗れると、僕よりはるかに素質に恵まれた後輩たちにとっては、ずいぶん気分が楽になるんじゃないかと思うんです。

天才的に身体能力の高い人がすばらしいパフォーマンスを示して、「人間はここまでできる」ということを示すというのが、武道的にはいちばん大切なことですけれど、「凡庸な能力の人間でも、ここまでなら行ける」ということを示すのも、後世への大切な贈り物だと思います。

成瀬　ほんとうにそうです。

そう考えていくと、結局は身体能力を超える問題になるのかもしれません。年齢を重ねながら、衰える部分を認めながら、いかに日々、進化していくのか。僕だったらヨーガ行者として、内田さんだったら武道家として、どう生きていくのかといった姿そのものなんでしょうね。

最後は、自分の生き方が問われるんだろうと思います。

第3章

ヨーガも武道も自分を知るためにある

「けんかに強くなりますか？」

成瀬　ヨーガは、自分を見る、自分を知る作業です。なぜ自分を見るのかというと、自分がいちばん不思議な存在だからです。みんな、自分のことがいちばんわからない。

今の時代、インターネットの検索エンジンにキーワードを入力すれば、そのキーワードにまつわる情報はすべて出てきます。だけれども、そこに「自分」と入力しても何も出てきません。結局、いちばんわからないのは自分なんです。いちばんわからないことは、知りたくなるし、知ろうとしたほうがいいわけです。

そのときに、ヨーガは役立ちます。ヨーガにもさまざまな種類がありますが、アプローチ法がこっちから行くのか、あっちから行くのかといった違いだけで、目指す頂上は一つであり、みんな同じです。

たとえばハタ・ヨーガでは、身体を動かしてポーズを取りながら、身体から心を探っていきます。また、頭だけを使って、「僕ってなんだろう」というふうに探る方法もあります。そのほかにも、宗教的に毎日神様に祈ることで探っていく方法なんかもある。しかし、結局は、自分を知ることしかやっていません。それをコツコツやっていくのがヨーガです。

自分を知る作業を通して、最終的には自分を知り尽くすんです。自分を知り尽くすということは、人間全般を知り尽くすということ。人間全般を知り尽くすということは、人間を卒業できるということなんです。それが、ヨーガの最終的に目指すところである「解脱《げだつ》」です。

学校であれば、単位が全部取れていなければ卒業はできません。それと同じで、自分にまだわからない部分があれば、まだ単位をすべて取ったわけではないから、人間は卒業できない。だから、死んでもまた生まれ変わってきて、またその部分を勉強しなさいという話になるわけです。それが、ヨーガをベースとしたヒンドゥー教の生まれ変わりの考え方の一つです。

解脱という言葉は、サンスクリット語で「ムクティ」や「モークシャ」と言います。

生まれては死んで、また生まれては死ぬという輪廻《りんね》の輪から抜け出ることを意味します。

車輪のなかをネズミみたいにグルグル回っているのが嫌だから、いつかは出たい。自由になりたい。その抜け出た状態を解脱と言います。

人間の勉強がまだ残っている人は、また生まれ変わるけれど、全部勉強し尽くしたら、今度は卒業できますよということです。

ヨーガの最終目的は解脱にあり、そこが頂上です。だから、最終的には卒業を目指す。入学したからには卒業を目指すわけです。

しかし、僕は全人類がヨーガをする必要があるとは思っていません。それはまた違います。

現世で生まれてきたときに、ヨーガをする役割の人がいるということです。つまり、大学1年の人もいれば、4年の人もいる。1年生で卒業しようと頑張っても無理な話で、やっぱり4年生が卒業を目指すわけです。

それと同じで、生まれ変わってきたときに、全人類が解脱を目指す必要はありません。全人類が解脱して、人類がいなくなってもまた困ってしまう。それは、役割だと思っています。

内田　「自分を知る」というのは、その通りですね。合気道では身体の内側を見る。日常生活を送っているときは、まず自分の身体の内側に意識を向けるということはありません。だから、外からの入力を遮断《しゃだん》して、内側を見る。自分のなかを「スキャンする」、あるいは「モニターする」。

成瀬先生は首を一周回したときに、200カ所をチェックするとおっしゃっていましたね。僕は200カ所もチェックできないで、せいぜい3カ所くらいですけど(笑)。それでも、身体をスキャンしてはいるんです。

頭からつま先まで、動かしたり、呼吸したり、意識を集中したりしながら、順次点検していく。どこかに詰まりがないか、こわばりがないか、痛みがないか……、そういうことをチェックしていくんです。

もし痛みやこわばりがあったら、そこに気（生命エネルギーの一種）を集める。気が集まると、そこだけ少し温かくなる。稽古はまず全身のスキャニングから始まる。「武道をしています」と言うと、「ああ、身体を鍛えて、けんかなんかに強くなるんですね」というリアクションする人が多いんです。それ、違うんです。「鍛える」んじゃないんです、って言ってもなかなかぴんと来ないらしい。どちらかと言うと、自分の内側をモニターするんですと説明するんだけど、それがわかってもらえない。

ふつうの人は自分というものをソリッドな単体としてとらえるんですね。自分がいて、その外側に世界がある。自分の身体の内側はせいぜいブラックボックス、うっかりするとつるんとのっぺらぼうなものだと思っているんじゃないかな。自分の内側がどんなふうに分節されているのか、ぜんぜん考えない人って、結構いるんです。

たとえば、鉛直《えんちょく》方向（重力の方向）がわからない人がいる。ほんとうにいるんです。合掌して呼吸するときに、地球の中心に向かって体軸を真っ直ぐ立てますね。重力が働いているから、リラックスしていれば、当然体軸は鉛直方向に一致するはずなんです。まずそうやって天地の軸を通す。

それから、東西南北を感知する。体軸がどこにあって、重心がどこにあって、おへそがどちらの方角を向いているか。それを点検して、空間的に自分を位置づける。

ところが、初心者には、それがもうできない人がいるんです。天地、東西南北という空間骨組みを大づかみにとらえるという、いちばん基本的なことができない。自分の身体が重力に対してまっすぐなのか、ねじれているのか、それがわからない。東西南北を教えてから、「はい、北向いて」と言っても、きょろきょろしている。

自分自身を離れた視点から想像的に俯瞰《ふかん》するという訓練ができてないんですね、今の子どもたちは。「大きな円を描いて」と指示すると、道場の広さと、その場にいる人数で、だいたいどれくらいの直径の円で、一人ひとりの感覚は何十センチくらいって、瞬間的に判断できるはずじゃないですか。それがなかなかできないんです。

目を閉じて耳を澄ます時間は大切

内田　僕は、2011年の3月まで、神戸女学院大学というミッションスクールに21年間勤めていました。その前が東京都立大（現・首都大学東京）という公立大学でしたから、落差が大きかったですね。「これが同じ大学か」と思うくらい別世界でしたね。

女学院では、入学式や卒業式はキリスト教の礼拝の形式で行うんです。そればかりじゃなくて、教授会も、チャプレン（教会や寺院に属さず、施設や組織で働く聖職者）が立ち上がって開会祈禱《かいかいきとう》を捧げる。「私たちがこれから議するところが神の御旨にかなうものでありますように」というお祈りをするんです。「議長の任に当たられる学長に知恵と力をお与えください」。そして、手を合わせて「アーメン」と唱和してから教授会が始まる。

初めは儀礼的でびっくりしました。でも、20年もしていると、お祈りがだんだん身に染みてくる。なかなかいいものだなと思えてくるんです。「ここで私たちが議することが御旨にかなうものでありますように」という祈りというのは、自分たちが置かれている状況を、ある意味で神の視点から俯瞰することですからね。自分自身の主義主張や利害得失をいったんカッコに入れて、もっと大きな文脈からとらえ直す。それについて短い時間ですけれども、考える。

成瀬　それはすごく大事だと思います。黙祷でなくてもいいけれど、そういう時間は絶対に必要です。

昔は、小学校でも精神修養とか、心を静める時間があったけれど、今はありません。たとえば、小学校で授業開始の3分間、「目を瞑《つむ》って静かにしましょう」というのを習慣化させると、子どもたちもずいぶん変わってくると思います。精神的にも安定してくるでしょう。先生も、細かく何かをしろと指示する必要がなくなるかもしれない。ただ目を閉じて、「はい、今から3分間ね」。それだけでもいいと思います。

内田　会議でも稽古でも、最初に全員で、静座や黙想をするというのは大切な意味がありますね。呼吸と身体の動きをまず合わせる。そこから稽古が始まる。

倍音の振動を身体に染み込ませる

成瀬　僕の教室には、ヨーガなので一応、シヴァ神を掲げています。教室は、ヨーガ的な「ハリオーム」の挨拶《あいさつ》で始まって、最後も「ハリオーム」の挨拶で終わる。

内田　「ハリオーム」というのは、どういう意味なんですか？

成瀬　「ハリ」というのは、インドのヴィシュヌという神様の別名です。「オーム」は宇宙のすべてを表している言葉。声を最初に発した「あ・うん」と同じですよ。それを合わせた言葉が「ハリオーム」です。

　インドではふつう「ナマステ」という挨拶をしますが、聖地に行ったときには、顔を合わせるとだいたい「ハリオーム」と挨拶をしている。僕はそれを取り入れて、最初に挨拶するときは「ハリオーム」、最後の挨拶も「ハリオーム」。

内田　「アーメン」とか「シャローム」とか、宗教によって違いますが、なんとなく似ているような気がしますね。

成瀬　同じです。要するに、7つの単語からできているんです。「アーメン」の場合、「ア」「メ」「ン」ですよね。「オーム」も「あ・うん」も、密教の「オン」というのも同じです。イスラムは「アーミン」ですけれど、それも同じ。

　宗教上の神聖な言葉というのは、7つの単語で全部できています。だから、キリスト教でも仏教でも、ヒンドゥー教でも回教でも、基本は同じです。

内田　「ム」と「ン」はだいたい同じ音ですから、「ウ」「オ」「ア」「エ」「イ」。これは、倍音と同じですね。

成瀬　そうです。世界中、神聖な言葉は、「ウ」「オ」「ア」「エ」「イ」、そしてハミングの「ム」と「ン」でできています。

これらを発声すると倍音が出てきます。この倍音効果を利用した「倍音声明」という声を出しながらする瞑想《めいそう》を体験する会を、僕は25年ほど前から全国で開催しています。

内田　最初に「オー」と伸ばして、最後に「ムー」と沈めるという響きが、精神状態を安定させる。そうした経験則に基づいているのかもしれないですね。20年前、成瀬先生に倍音声明を教えていただいてから、僕もずっと稽古に取り入れています。

成瀬　もう、経験的に落ち着くとしか言いようがないですね。

内田　倍音声明以外にも、多田先生に教えていただいた「阿吽《あうん》の呼吸」も稽古に取り入れています。「イ」「オ」「ア」「イ」「エ」「ン」の6音でする呼吸です。

響きが身体に染み込んできて、じゅうぶんに振動を与えてから技に入ると、動きに甘みが出てくるんです。よく呼吸を練り込んでおくと、動きに甘みと粘りが出てくるんです。

他者との体感の同調は実は簡単

内田　壁の向こう側をいきなり透視しろと言われてもできませんけれど、もし壁の向こう側に人がいたら、その人が見えているものに共感するということは、ありうると思うんです。「体感の同調」ということは、別にそれほど難しいことじゃないですから。

成瀬　後ろにいる人がわからないとダメだからね。

内田　自分が見えていなくても、体感が同調した人が見ているものは見える。自分には聞こえていなくても、体感が同調している人が聞こえるものが聞こえる。

逆に、自分の五感が感知しているものを他人に伝えることもできる。そういう共感能力は人間には潜在的には備わっていると思うんです。

現在のように通信テクノロジーが進化していない時代では、そういう五感の共感能力がなければ、1000人とか1万人の人たちを手足のように動かして戦闘することなんか、できなかったと思うんです。戦国時代の名将といわれるような人たちというのは、この共感能力が卓越していた人たちのことなんじゃないですかね。

「武者震い」という言葉がありますね。あれは別にこれから戦闘が始まるという、その恐怖心で身体ががたがた震えているんじゃないんです。意識的に身体を激しく震動させる。鎧《よろい》というのは、錣《しころ》とか垂《すが》とか、震動をとらえて、音を出す小さい破片をたくさん縫い合わせたものでしょう。だから、身体を激しく震動させると、増幅されて鎧が大きな音を立てるらしい。その震動音が周りにざっと広がってゆく。そのうちに、戦場全体で鎧が共振して、ごおおっという地鳴りのような轟音《ごうおん》が鳴り響く。そのことを「武者震い」というのだと聞きました。

指揮官のバイブレーションが何百人、何千人に伝わって、同じ振動数で唸《うな》り出す。その振動数が合ったら、将兵はほとんど一人の人間のような、ある種の巨大な共同的身体を形成する。そういうことがあったんじゃないですか。

「股肱之臣《ここうのしん》」という言葉がありますけれど、名将は兵たちを自分の手足のように自由自在に動かせる。実際にそういうことができたんじゃないかと僕は思うんです。

腕力が強いとか、足が速いとか、冷酷非情であるといった個人的能力を算術的に加算しただけでは、戦闘力にはそれほどの差は出ない。戦国時代に集団での戦闘技術が完成するわけですけれど、そのとき将たるものの資質として求められたのは、たぶんこの「気の感応」の力だったと思うんです。

僕らが学生のころの１９６０年代から70年代の政治の季節には学生たちのデモが頻

繁にありましたね。あれは、中世・古代の戦いのある意味での現代版だったように僕には思えるんです。

日比谷野音に学生たちが何千人か集まる。まず革命歌を歌う。『インターナショナル』とか『ワルシャワ労働歌』とか。定番の革命歌があるんです。「暴虐の雲、光を覆《おお》い」というのを何千人かでユニゾンで歌うわけです。地面が揺れるほどの轟々《ごうごう》たる歌声がする。その大音量に身体ごと巻き込まれて、参加者たちの身体もぶるぶる震えてゆく。そして、歌い終わったところで、20人くらいが一列になって、長い竹の棒をつかむと、デモ指揮が、「そーれ」と号令かける。すると、ぴたっと呼吸が合ってデモ隊が動き出す。うまい人がデモ指揮やると、みごとに足並みが揃うんです。

それから、シュプレヒコールを叫びながらデモにくり出すんですけど、何千人かの呼吸が合うと、ほんとうに気分がいいんですよ（笑）。デモの隊列がまるで多細胞生物のようになって、モスラの幼虫が東京の街をくねくね歩いているような摩訶不思議《まかふしぎ》な感覚になる。

正直に言って、僕はなんのためのデモかなんて、どうでもよかったんです。政治闘争の課題なんかあまり関係ない。何千人の呼吸が合ったデモをすること自体が、ものすごく気持ちよかったんです。それが、「共同的に身体を使う」ということの僕にとっての原体験ですね。

今の若い人たちはそれがあまりないんじゃないかな。たしかに、サッカーの試合なんかでウェーブをしたりするときには、多少それに類似した体験をしているかもしれませんけど。ウェーブではサッカー場から出られませんからね。ウェーブしながら、東京の街をくねくね何キロも歩く様子を想像してくれたら、それが近いと思うんです。

昔の人は、もっと身体感覚を同期させる能力が高かったんじゃないかな。僕らは30分くらい歌を歌わないと呼吸が合わなかったけど、別にそんなことしなくても、場の空気を一気にまとめる術《すべ》に長けた人がいて、「じゃ、行くか」のひとことで、一瞬のうちに、何百人、何千人の身体を一つの呼吸のうちに巻き込むような力を持つ人がいたはずだし、そういう能力の開発の体系的な訓練方法もあったんだと思います。

成瀬　動物的な能力というのは、煎じ詰めれば生命力なんです。人間はどんどん個体化というか、魂《たましい》も個別化していって、今は一人ひとりの人間の集まりになってきたように思います。

動物の多くは、集団行動を基本とします。「集団魂」というのが結構ある。だから、魚なんかを見ても、集団で一つの魂みたいな動きをする。植物も、もっと言えば鉱物もそうだと思います。そもそも地球というのは、要するに土くれの塊《かたまり》じゃないですか。

地球は、一つの魂です。ところが、人間は一人ひとりになってきている。つまり、現代に進化するに従って、動物的な能力が欠落しているわけです。昔の人は、勘が鋭かったりして、まだ動物的な能力があった。動物のような感性が働いて、動物のように行動できた。

現代人は、そういった動物的な生命力が薄れてきた。そのために、みんなで歌を歌ったり、あえて行動したりすることで復活させているわけです。歌を歌っているうちに、一個人としての自我が一時は薄らぐわけです。徐々に動物的な、本能的な部分が表に出てくるから、そうすると全体で一つの大きな魂みたいになってきます。それが強い動きになるんです。

瞑想で知識に惑わされずに真実を見る

成瀬　ヨーガの瞑想も、実は同じです。大きなものに繋《つな》がろうとするテクニックなんです。

「人間がなぜ瞑想するかわかりますか?」と僕はよく聞くことがあります。答えられる人はなかなかいないけれど、僕には明確な答えが一つある。

要は、人間は瞑想的でないから瞑想するんです。瞑想的だったら、瞑想する必要はないんですよ。つまり、瞑想能力を持っていれば、わざわざ瞑想する必要がない。どんなことでも同じです。なぜ勉強するのかといえば、わからないことがあるから勉強をして得ようとするわけです。だから、なぜ瞑想するのかと言えば、瞑想的ではないからですよ。

たとえば、昆虫のナナフシや動物のナマケモノは、じーっと静止した状態で30分でも1時間でもいる。ところが、人間にはそれがなかなかできない。人間は瞑想的ではないんです。

内田　あの静止状態を瞑想的と言うわけですね。

成瀬　つまり、余計な行動がなく、心をフラットな状態に保つことです。

しかし、人間でも赤ちゃんはピュアで瞑想的だといえます。余計な概念や常識がない。それでも、赤ちゃんのピュアさのままで大人になったら、それはそれでダメなわけです。

どうしてかと言えば、社会人として通用しないからです。人間は、社会人として通用するために、常識を学んだり、勉強をさせられたりするわけです。3歳、5歳、10歳になるに従って、算数や国語などを覚えて知識を蓄えます。

ここで重要なのは、頭が知識でいっぱいになってきたあとに、それらを全部リセットすることです。頭のなかをからっぽにするんです。

からっぽにすること、それが瞑想状態です。つまり、生きていくために必要な世の中の真理やほんとうに必要なことを見据《みす》えようとしたときに、いろいろな知識があるとそれが余計なフィルターになってしまう。そのフィルターを外したとき、初めて真理が見えるんです。赤ちゃんは余計な知識がないから、最初から真理が見えますが、大人になると見えなくなってしまいます。

社会で生きていくためには、たくさんの知識が必要です。瞑想能力というのは、そうしたたくさんの知識を吸収した大人になったあとに、知識に惑わされずに真実を見るために必要なものなんです。動物には常識がなく、算数や国語などの勉強もない。もともとピュアなわけですね。

昔の人は勘が鋭かったから、今みたいに便利で安全な環境でなくても生き抜けたわけです。

内田　常識的だったら、たぶん生き抜けないですね。予断《よだん》があったり、「こうなるに決まっている」という常識の縛りがあったりすると、次々と起こる予想もしないことに反応できない。一歩進むごとに世界観をリセットしないと、臨機応変とはいきませんから。

予断というのはよくないですね。入力の変化に対応できませんから。絶えずまっさらな状態で、成瀬先生の言葉で言う「ピュアな状態」、無垢《むく》な状態を保っていないと、微細な入力変化には反応できない。でも、今は入力の劇的な変化って、ふだんはないですからね。電車は定時に来るし、信号で車は止まってくれるし。

成瀬 要は、人間が弱くなったということです。生きるという意味では弱くなった。

内田 文明の進歩は、そうした感覚を鈍くしますね。肉食獣がうろうろしているジャングルでは、ピュアな状態にならないと生きていけない。わずかな入力変化に即応できるように、薄皮一枚はさんで世界と対峙《たいじ》しているような感じだったんでしょうね。

成瀬 たとえば、昔の人は、お金がなくても生きていけたけれど、今は生きていけない。今、貨幣のない世界で生きている自分を想像してみるといいんです。多くの人がサバイバルすることができないのではないでしょうか。

身体を細かく割って時間を延ばす

内田 メル・ギブソンが監督した『アポカリプト』という映画があるんです。古代マヤ文明の時代を描いた映画で、時代考証はでたらめらしいんですけれど、すごくおもしろかった。

映画のなかで感心したのは、主人公がジャングルのなかを裸足で疾走《しっそう》するシーンがあるんです。ネイティブ・アメリカンの青年がオーディションで主人公の役を取ったんだそうですけど、演技よりも感心したのは、ジャングルを素足で走れる能力。

これは、確かにふつうのハリウッド俳優に急に「やれ」と言ってもできないと思います。ジャングルの地面には、木の根や尖《とが》った石があり、穴があり、絡み合ったツタがあったりするわけですから、足下を見もしないで、全速力で駆け抜けられるというのは、たいしたものだと思いました。

足裏の感覚が非常に優れているということですよね。足裏にセンサーがあって、次の一歩を踏み出すときに、「ここは踏める」「ここは踏めない」を瞬時に判別して、走っている。そういう能力がある種の社会集団にはまだ残っているんだなと、えらく感心しました。

成瀬　ヒマラヤでの修行では、そうした能力がないと命を落とす危険性があります。
僕の場合は素足ではありませんが、たとえば崖を登るときでも、氷河の上を上がって浮石を踏んでしまうと、そのままクレバスに落ちてしまう。そんなときには、ちゃんとセンサーを働かせて、大丈夫なところだけを選んで上がるわけです。
浮石に足が触りかけた途端に、ヒュッと次のところに行けるような状況でないと、クレバスに落ちてしまいます。その能力がないためか、毎年多くの人が実際に死んでいますよ。

内田 センサーで踏めるところと踏めないところを識別しないといけないんですね。

成瀬 その通りです。一瞬で判断できます。

内田 すごいな。その話を聞いて、前のラグビー日本代表でワールドカップにも出た平尾《ひらお》剛《つよし》さんの話を思い出しました。

平尾さんが初めてワールドカップに出たとき、平尾さんは控えのフルバックだったんですけど、レギュラーの選手がけがをして、平尾さんが急遽《きゅうきょ》ウェールズとの試合に出場することになった。試合が始まったら、7万人の観衆の前でウェールズのスタンドオフが、いきなりドッカーンとフルバックめがけてハイパントを上げてきた。

ふつうはパスを回してくる選手なので、「えっ、いきなりキック？」と平尾さんは面食らったそうです。とにかくウェールズのスタンドオフは世界的なプレイヤーですから、どうもこれは若い日本のフルバックに対する「名刺代わり」のキックらしい。「どうだ、これが世界レベルのハイパントだ、取れるものなら、取ってみろ」という挨拶キックですね。そのとき平尾さんは「ここでこれを落としたら、もうラグビー選手としては生きていけない」と覚悟を決めたそうです。幸いボールはキャッチできて、事なきを得た、と。

でも、おもしろかったのは、平尾さんから「でもね、僕は1回落としているんですよ」という話を聞いたからなんです。1回落として、それをまた拾い上げたそうなんです。ふつうなら、落球して、それで終わりだった。でも、テストマッチ初出場で、異常に運動能力が向上していたので、1回落としたボールを地面に着く前にまた拾ってしまったんです。ふつうならワンプレーしかできない時間の間で、2つプレーをした。これはある意味で、きれいにハイパントをキャッチしたプレーよりもすごいプレーだと思います。

成瀬　僕が教えるヨーガのテクニックはまさにそれなんです。瞬間で身体を細かく使えるようにする。そのために、それをスローにして、ゆっくりでもいいから自分の身体を細かく見つめることを教えています。

たとえば、首を1周回すときでも、ふつうの人は、首とその周辺で何が起こっているかを見過ごしてしまう。僕は「首を回している間に変化を数えなさい」と言います。自分のなかで、首を回す間に、「ここが変化した」「この辺の筋が伸びた」と、数えていくわけです。すると、1周する間に、僕だったら200〜300個はチェックポイントが見つかります。

最初のうちは、「ここがポキッと鳴った」「ここの筋が伸びた」という程度で、3つ、5つしか見つかりません。でも、細かい観察力が身についてくると、100個、200個、300個と見つかるようになる。それが身についてくると、たとえ瞬間であっても、時間が伸びていきます。

ナノレベルの感性を持つ

内田 江戸時代に、「首斬《くびき》り浅右衛門《あさえもん》」と呼ばれた山田浅右衛門という人物がいて、その人が明治になってから新聞の取材に答えている文章があるんです。浅右衛門は生涯で300人の罪人の首を斬ったらしいんですけど、どうやって首を斬るかという、その秘伝を語っている。

浅右衛門は首を斬るときには、涅槃経《ねはんきょう》の「諸行無常《しょぎょうむじょう》 是生滅法《ぜしょうめっぽう》 生滅滅巳《しょうめつめつい》 寂滅為楽《じゃくめついらく》」という16文字のお経を唱えたんだそうです。最初の4文字で小指を締めて、次の4文字で薬指を締めて、それから中指、人指し指。「寂滅為楽」までの16文字を読み終えたところで首がころりと転げ落ちると。さらりとそう書いてあったんです。

読んで、これはすごいなと思ったんです。だって、刀を振り上げてから振り下ろすまでには、コンマ何秒という時間の幅しかありませんからね。その時間を4本の指の動きに合わせて4つに割る。それをさらに経文の4文字に合わせて4つに割る。ゼロコンマ何秒の時間と運動を16行程に割っているんです。

16に割れるということは、今日は小指の第2番目の部分が短かったからちょっと伸ばし気味にして、3番目の指の第3段階をちょっと縮めようか……というような微細な手の内のコントロールができたということでしょう。

首を斬るときには、刃筋を立てる線が決まっていて、頸椎《けいつい》の何番目と何番目の隙間、何ミリのところに刃を通さないといけないらしいんです。首を斬られる罪人は斬られたくないから、わいわい騒いで動き回っている。それを役人が2人がかりで押さえている。この動いている罪人の首の、決まった場所に刃筋を通して、かつ同僚の役人に刃が触れないように斬らなくちゃいけない。最初からコースを決めて振り下ろしたのでは、たぶんうまくゆかない。斬り始めから斬り終わりのわずかな時間の間に、揺らぐようにコースを微調整しながら斬るしかない。

それができたということは、浅右衛門にとっての時間は非常にゆっくり流れているように感じられているのだと思うんです。傍《はた》から見れば、一瞬で斬っているように見えるけれど。

成瀬　それは、細かな感性が必要というふうに言い替えることができるかもしれません。細かな感性がある人は、太い道路から広がる無数の道を見つけられます。しかし、細かな感性がない人は太い道路一本だと思ってしまう。

僕は「ナノヨーガ」というものを提唱しているけれど、これは「ナノレベルの感性を持て」ということです。ナノというのは、10億分の1のこと。つまり、一本の道ではなく、10億の道を見つけたほうがいいわけです。ヨーガをしていると、そういう細かな感性がふだんから培われてきます。

僕の道場にはいろいろな格闘家がやって来るけれど、「ちょっと僕に技をきめてみてよ」と言っても、誰もきめられません。逆に、僕がきめそうになって、相手が泡《あわ》を食ったりしてね（笑）。

結局、僕のほうが早いんですよ。細かな感性があるから、腕を取られても「持っていく」の「持」くらいのときに、「あ、これはこっちだな」と、少しだけかわすんです。だけど、相手はそれに気づかないから、僕はすり抜ける。それを見ていた人が、「成瀬さんはヘビみたいだ」と言っていました（笑）。

僕がなぜヘビのように動けるかというと、それは一瞬のうちに何本もの道が見えるからです。一本の道ではなく、何百本、何千本といった道が見えるからなんです。だから、相手が動こうとしたら、「右のほうに動こうとしているな。じゃ、こっちに動こう」という具合にかわせるんです。

内田　刀を両手で持って人を斬るときには、右手は押し斬りで、左手が引き斬りと、違う動作をしています。押し斬りは刀を遠くに放り投げる。引き斬りは、柄をつかんで遠ざかる刀を引き戻す。右手と左手が違う動きをすることで、斬りの冴《さ》えが出る。という説明にはみんなわりと納得してくれるんです。でも、ではなぜ「片手斬り」というものができるのでしょうと訊《き》くと、考え込んでしまう。

理屈は同じなんです。片手斬りが可能なのは、片手の手のひらの上半分で押し斬りをして、下半分は引き斬りをしているからなんです。でも、ふつう片手で刀を振っているときには、自分の手のひらの上半分と下半分が違うことをしているなんて考えていない。でも、実際にはそういう「精密な身体の割り」を、無意識的には実行しているんです。

だから、無意識にできていることを意識的に訓練するとおもしろいことになる。それで、「身体の割り」ということを道場ではわりとよく言うんです。

ほかの合気道家には叱《しか》られるかもしれないけど、相手を倒したり、固めたりするというのは、どうでもいいんじゃないかなと僕は思っているんです。そんなことより、どういうふうに身体が割れていて、どういうふうに時間が割れるか、それをじっと観察することのほうがずっと大切じゃないかと思うんです。

笑いでバイブレーションを共有する

内田　稽古のときには、笑いから入ります。これ、結構大事なんですよね。道場に入ってきたとき、まず全員がわっと笑う。そこから始める。笑うと、みんなの呼吸が合うんです。場の空気が温まる。

成瀬　同じバイブレーションになることは大切だよね。

内田　大学で講義するときにも、必ず笑いから入りますからね。

成瀬　僕も最初に笑いを取ることが、基本だと思います。

内田　多田宏先生はジョークを言うような人じゃないんです。古武士のような、厳しいたたずまいの先生ですから。でも、その多田先生も稽古が始まるときは、一度は必ず道場が爆笑するようなことを言われますね。

成瀬　場が和《なご》むんだね。周りの人を和ませると、自分の肩の力が抜けるんですよ。

内田　別におかしな話をするわけじゃないんですよ。こちらがなんか妙に肩ひじ張って真剣になっていて、「よしやるぞ！」と意気込んでいるときに、それをすかすように肩の力をフッと抜くように笑わせる。

呼吸法のときには窓を閉めるんです。そこだけ気合いをかけますから。そのとき、「閉めないと、近所から文句が出るから」って、先生はポロッと言われるんです。

それが、なんだかおかしいんです。合気道のことを理解していない人たちが本部道場の周りに住んでいて、その人たちから見たら、僕らはすごく変なことをやっているわけです。「何やっているんだ、あいつらは」というような視線に囲まれながら僕たちは合気道をやっている。すると、ちょっと遠い視点から自分たちがしていることを眺めることができる。そのときに、自分たちの意気込みと、世間の人たちの迷惑顔の落差がおかしくて、つい笑ってしまう。笑うことで、自分自身を鳥瞰的《ちょうかんてき》に見下ろすと同時に、みんなのバイブレーションがぴたりと一致する。多田先生はそれを一つの術《じゅつ》としてなされているのだろうなと思います。

成瀬先生もそうですよね。「こんなことやっているからさ」と、自分たちがしていることをおもしろがって見るというのがありますよね。

成瀬　空中浮揚みたいな怪《あや》しげなことをしているから（笑）。実際に僕に会うと、みんなコケるみたいだね。

内田　そうですよ。だいたい仙人みたいな人を想像しているわけですから、会った瞬間にいきなり「喝《かつ》！」とかされるんじゃないかとドキドキしながら来ると思います。先生は必ず、そこをずらしていますよね。

成瀬　僕はかまえないからね。かまえるとダメなんだよ。

先日、クンダリニー・ヨーガに関する大学のシンポジウムで、パネラーで呼ばれたんです。ほかの発表者はすごく堅い話をしているんだけれど、僕一人だけ異質で、空中浮揚の話をしてきました（笑）。

力は入れるよりも抜くことが重要

成瀬　リラックスというか、力の抜き方というのは、武道でもそうですが、ヨーガでも非常に重要な要素です。ところが、力の抜き方がわかっていない人が意外に多い。

たとえば、あぐらを組んで坐っている人たちを前に、「みなさん力を抜きましょう。力を全部抜いてください」と言うと、だいたい坐ったままで「力を抜きました」と言います。しかし、それは嘘《うそ》です。力が入っていなかったら、坐っていられません。死んだら坐っていられないですよね。床に伏せると思います。つまり、床に伏せないために力が入っているわけです。その力すら抜けることが、本来の意味でリラックスしているということです。

ヨーガでは、「死者のポーズ」という仰向《あおむ》けに寝る重要なポーズがあります。初心者はただ仰向けに寝るだけなので簡単だと思うかもしれませんが、このポーズを取ってもらっても実際はいろいろなところに力が入っているわけです。自分では力を抜いたつもりになっていても、力が抜けていません。

仰向けに寝ながら、力が入っている部分を一つひとつ見つけて抜いていくと、ほんとうの死者のように肉体から力が抜けていきます。そのくらい力を抜くことができるようになると、武道でも強くなると思います。

内田 「力を抜く」ことは重要ですね。

成瀬 グッと入れる力は大した問題ではない。抜く力のほうが大切です。ボクサーでもなんでも、力の抜き方がうまい人のほうが強い。抜くスピード、つまり瞬発力があれば、強いんです。

抜けているところから力を入れるからパンチが効くのであって、力を入れたところにさらに力を入れてもパンチは効かない。中途半端に力が入っていると、全然効かないんですよ。

内田　実際には、物理的な力ではないですよね。相手の身体に通るのは、どちらかというと響きというか、振動のような感覚だと思います。

甲野善紀先生がよく使う喩《たと》えですけれど、張ってあるネットに向かって水に濡れたスポンジを投げると、スポンジは網で止まるけれど、水だけ網の向こう側に飛んでいく。飛んでいくものは止められない。突きもそうなんだと思います。拳で打っているのではなく、拳から出ている「何か」を相手の身体に送っている。

成瀬　そのためには、意識力が重要ですね。たとえば、薬指だけを一本伸ばすのも意識力なんです。これは訓練の一つなんですが、自分の命令、自分の意識の力が薬指まで行き渡るかどうか。なんとなくアバウトに動かしていると、ほかの指もいっしょに動いてしまう。薬指だけを動かすように、意識力を訓練するわけです。

同じように訓練すれば、意識で拳の表面にだけ圧力をかけるということができます。

達人は察知力に優れている

内田　成瀬先生にしても、僕が会った何人かの達人にしても、基本的に「嫌なこと」に対する察知力が早いですよね。不快の察知力が優れている。「このままの状態にいると嫌なことが起こりそうだ」ということが、嫌なことが起こる前に予知できる。

成瀬　確かにそうですね。

内田　そういう人の身にはトラブルが起こらないんです。人混みのなかを歩いていても、「このまま進むと、何か嫌なことが起こりそうだ」というアラームが鳴ると、無意識的にコースを変える。その進路変更がトラブルの発生源との遭遇《そうぐう》地点よりもはるかに手前で起きるから、傍から見ていると、コースを変えているように見えない。

成瀬　僕も人混みを歩くのが得意ですよ。いっしょにいる人がいつも困ってしまうくらいに。

内田　格闘家が成瀬先生に技を決められないという話も、同じじゃないかと思います。関節技をかける人の技の「起こり」を成瀬先生は「嫌な感じ」として察知する。だから、技が始まる前にもう技がかかるコースにいないように無意識に身体を使っていらっしゃるんじゃないでしょうか。

同じトレーニングをくり返す際の極意

成瀬　トレーニングにかかわらず、どんなことでも同じだけれど、「こんなふうにするんだよ」と教わって、「そうですか」と始める。教わった段階では頭で理解できていても、まだ身体は理解できていない。「こうかな？」と言って、同じようにするけれど、実はまったく違うことをしているんだよね。

だから、それをちゃんと技として生かすためには、同じことを何百回、何千回、何万回とやらなくては習得できない。そのくり返しによって、身体が徐々に一つのルートを覚えていくわけです。

何度も同じ動作をするわけですが、「今日、僕は100回やりました」と同じ動作を単純にくり返す人と、同じ動作を100回やりながら、そのなかで違うルートを探ってやった人との違いはすごく出てきます。

内田　それは、僕も稽古のときによく言います。1回ずつの技はどれも自分の身体を使った実験ですから、必ずテーマを持つように、と。

仮説を立てて、その仮説で動いたときに何が起こるのかをチェックする。足踏み、胴作り、目付け、手さばき、足さばきの5つのポイントでチェックする。目付けの位置を変える、膝の向きを変えるだけで、動きの質が変わりますから。

成瀬　同じことを100回しているようでも、感性のある人は実は同じことをしていないことに気がつく。この差は大きいですね。

実は、同じことは2度とできないんです。本人はまったく同じことをしているつもりでも、少しずつどこかが違う。その「どこかが違う」というのを、どのくらい見つけられるかということです。

内田　そうですね。同じ技を3回くり返すと、無意識のうちに身体はいちばん楽な動きを選択しますから。2回目のときは、1回目で引っかかったところを避けた身体の使い方をするし、3回目は2回目で引っかかったところを回避する。

だから、ぼんやりしていても、確実にある種の変化はあるわけです。ただ、その変化がつねによい方向に向かっているかと言うと、必ずしもそうではない。身体が無意識のうちにズルすることもある。楽な方法を見つけて、身体の負荷《ふか》はへったけれど、技としては冴《さ》えないということはあります。

技の冴えを求めると、どこかで必ず壁に行き当たるんです。

この壁は正面から無理押ししてもダメなんです。壁のどこかに隙間があるので、その隙間にすっと入り込んで、壁抜けするしかないんです。その壁の隙間に染み込むような動きが、武道的には「冴えた動き」ということになるんでしょう。

でも、「動きが冴える」というのは、言葉では説明しにくいですね。動きが「冴える」というのは、「速い」ということじゃないんです。「強い」ということでもない。合理的とか無駄がないということでもない。

武道的な「冴え」というのは、問答無用で上から下まで一刀両断にするような決然としたものなんです。それが刃筋分しかない隙間に一気に斬り込んでゆく。それ以外のコースはありえないというコースに全力で、ためらわず、ずばっと斬り込んでゆく。薄刃で切れ味のいい包丁にはそういう勢いがないし、鉈《なた》は岩を割れるほどの力はあるけれど、コースが甘い。「切れ味のいい鉈」の「爆発的な繊細さ」という、なんか矛盾したものなんですよ。

言葉にならないシグナルを感知する

内田　これは作家の高橋源一郎《たかはしげんいちろう》さんに聞いたんですけれど、大学の先生の授業評価アンケートの話。先生が教室に入ってきたときの最初の2秒間の映像を見せる。その見た印象で、この先生の評価を100点満点でつける。次に、実際にその先生の授業を半期毎週受講してから、学生たちが学期終了時に授業評価アンケートで点数をつける。その点数を比べてみると、ほとんど変わらないんだそうです。僕たちは、出会い頭の最初の2秒で、ほぼ精密に目の前の人間の評価を終えている。

入社試験でもそう言いますね。面接官に聞くと、だいたい採否は5秒で決めると言いますから。

僕でも大学でAO入試（アドミッションズ・オフィス入試）や公募推薦の面接をするとき、志願者がドアを開けて入ってきて、椅子に坐るまでで、だいたい合否は予測できますから。部屋に入ってきただけで、部屋の気温が微妙に下がる子がいるんです。逆に、部屋に入ってきただけで、なんとなく空気が暖かくなる子もいる。この人とももう少しいっしょにいたいと思う人と、そう思わない人がいる。それは瞬時にわかるんですね。

だから、言葉なんかあまり聞いても仕方がないとも言えます。その人の生身の身体から発しているもっともプリミティブなシグナルがあるんです。生物である以上はそれが感知できる。この人がいると自分の生き延びる確率は高まるのか、それとも寿命が縮むのか。その判断は生物である以上、あらゆる判断に優先しますから。

成瀬　そういう感知する能力を、現代ではどんどん削《そ》ぐ作業をしています。たとえば、駅のホームで、「電車が参ります。黄色い線の内側までお下がりください」とアナウンスがある。ある面では正しいのかもしれませんが、人間の本能的なセンサーはどんどん鈍磨《どんま》してしまう。生きるか死ぬかのセンサーは必要なくなるんです。最近では、駅のホームにドアまでつくようになりました。

だから、聴覚障害の人は、視覚面ではふつうの人よりかなり鋭い。ふつうの人よりもはるかに多くの物を見ているんだと思います。

駅のホームが無音だったら、僕らは一生懸命に周囲の状況を見るしかない。「大丈夫かな？」というセンサーが発達するわけです。ああしたアナウンスが過剰になるほど、センサーは鈍くなってしまいます。

現代文明は発達しているかもしれませんが、人間の五感や感性については、退化の方向に進んでいるわけですね。

内田　現代人の感覚は、視覚と聴覚にばかり特化して、それ以外の嗅覚《きゅうかく》や味覚、触覚の感覚が鈍くなってきていますね。特に触覚、皮膚感覚。僕は触覚がいちばん信頼性の高い感覚なんじゃないかと思っているんです。でも、現代ではそれがいちばん劣化している。

神戸女学院大学は山の上にあって、ちょっと「秘密の花園」みたいな閉じられた空間なんですけど、だから低刺激環境なんです。不快な視覚刺激も聴覚刺激も、このキャンパスには入り込んでこない。そういう空間に4年間いると、あきらかに身体感覚が変化してきますね。

キャンパス内に学内寮があるんですけど、寮生たちは、緑に包まれた、静かな空間に4年間いると、通学生と顔つきからして微妙に違ってきます。言い方が悪いんですけれど、なんだか「毛穴が開いた」感じになるんです。皮膚が多孔質《たこうしつ》になって、外気の出入りが自由になっている。

ですから、春の桜の満開のころに、桜並木の下を歩いてくる様子を見ていると、輪郭がゆるんで、桜と溶け合っているような感じなんですよ。『吉野天人《よしのてんにん》』じゃないけど、「霞《かすみ》に紛れて失せにけり」というように、ほとんど外界と一体化している。

そういう皮膚感覚が解放された子たちは、僕がゼミで何かジョークを言いかけたただけで、もう笑うんです。「あのさ」と言っただけでもう笑う準備ができている。そういう子たちは、なんでも話が早いんです。メッセージの読み間違いということがほとんどない。

そういうのを見るとわかるんですけれど、低刺激環境に人間を長く置いておくと、センサーが敏感になるんですね。不快な入力がないから、センサーの感度がよくなっても、それによって不利益をこうむるということがない。

でも、逆に、都会で生活していると、センサーがいいと不快なことのほうがかえって多かったりする。都会って、目障りなもの、耳障りなものにあふれていますからね。うっかり感度をよくしていると、不快な刺激をもろに受け止めてしまうリスクを冒すことになる。

だから、どうしても都会生活者は防衛的になるんです。感覚を閉じてしまう。サングラスかけて、ヘッドセットつけて、肩をいからせて、身体を硬くして、きびしい表情で、人混みを歩いていく。環境との同化なんて、無理なんです。そうなると、やっぱりコミュニケーションの感度も下がってくる。

センサー感度の劣化

内田 大学では、今、アカハラ(アカデミック・ハラスメント。先生という指導者の立場を利用して、生徒や目下の人に嫌がらせをすること)とかセクハラとかがよく問題になります。これはコミュニケーションにおけるセンサー感度が劣化しているせいで起きているんじゃないかと、僕は思うんです。

ハラスメントというのは、他人の言動を「自分に対する不愉快なメッセージ」として受け止めるから事件化する。どんな言動であっても、受け取る側が「たいへん不愉快だった」と思えばハラスメント問題になり、そう思わなければならない。解釈レベルの問題なんです。極端な話、朝、出勤してきた人に「なんで来たの?」と訊《き》いても、それを「どういう交通手段で来たのか」という単純な質問と取るか、「いったい何しに来たんだ(用もないくせに)」という非難と取るかは、受信する側の解釈に委ねられている。

だから、「被害者」の側は「こんなこと言われ、こんな態度をされて、たいへん気分が悪かった」と訴える。でも、「加害者」のほうは必ず「そんなつもりで言ったんじゃない」と反論する。

そして、ハラスメントの場合は、メッセージの解釈の最終的な判定権は「被害者」の側にありますから、「加害者」がどんなつもりで言おうとも、それを受け止めた側がそれを「不快」と解釈したら、ハラスメントが成立する。

「被害者」を保護するということが優先するというのは筋としてはわかるんです。でも、両方の言い分を聞いてみると、だいたいが「どっちもどっち」なんです。言ったほうは「そんなつもりで言ったんじゃない」んだけど、自分のメッセージを相手にうまく伝えられていない。聞いたほうも、相手のメッセージをどういうふうに解釈するかで複数の選択肢があるときに、「最悪の解釈」を選択する傾向がある。

現行ルールでは、相手の発信するメッセージを解釈する権利は一元的に受信者側に与えられていますから、「先に気分が悪くなった者の勝ち」というルールでゲームをやっているんです。

これ、よくないんですよ。だって、そうすると、次第に人々は互いのやりとりのなかで、「今、この人の言ったことを最悪レベルで解釈をすると、どういうことになるか」ばかりを考えるようになる。

「あなたはほんとうは何が言いたいのか?」と問うことよりも、「このメッセージはどこまで悪く解釈できるか?」と問うことが優先されてしまうから。

こんなことを言うと怒られるかもしれないけれど、あちこちの大学で起きているハラスメント事例って、当事者たちにかなり共通性があるんです。すでにいろいろなところでフリクションを起こしてきた人が、だいたいハラスメント事例にも加害者か被害者のどちらかで登場してくる。「文脈が読めない人」がかかわることが多いんです。

減点方式の教育に問題がある

内田　教育にも問題があるのかもしれません。今の学校教育は、減点方式です。減点方式で評価するのって、ほんとうによくないと思います。

今の学生たちの学力がいちばん低い教科って、実は英語なんです。「英語ができなくちゃダメです」とあれだけ文科省が叫んでいるのに、学生たちの英語力は急坂を転げ落ちるように年々劣化している。今の大学新入生の平均的な英語力は、僕らのころの中学2、3年レベルですから。

それは英語が減点方式だということに関係があると思います。英語の場合は、ネイティブ・スピーカーがしゃべる英語が理想型として示されている。でもそれは、日本人がどんなに努力をしても絶対にたどり着けない達成点です。それも教養があって、お育ちのいいネイティブ・スピーカーがしゃべる英語が理想とされる。でも、ふつうに学校で英語を勉強しただけで、オックスフォードやケンブリッジを出た者が話すような英語になんかたどり着けるはずがない。でも、それが到達すべき理想型であるから、あとはそこからの減点法で査定される。

僕ら日本人は、自分の母国語を覚えたあとに、ゼロから英語を学び始めないといけない。余計な手間を何百何千時間もかけても、絶対にネイティブには追いつけない。でも、英語圏の話者は母語しか話せなくても、国際共通語を話せるから、国際会議でも、国際的なビジネスでも、着流しで出て行ける。非英語圏の人たちは、母語のほかに英語を学習しなければ国際的な場には出て行けない。学習負荷が桁外れに多い。こんなアンフェアはないですよ。

これは英語圏の人たちが、自分たちに都合のいいように作ったローカル・ルールです。ローカル・ルールがグローバル・ルールになったのは、イギリスとアメリカが連続して200年間世界最強の覇権国家だったという政治的理由しかない。それによって、英語圏の人たちに圧倒的なアドバンテージを賦与《ふよ》した。英語圏の人間があらゆるゲームで勝ち続けられるようにルールを作ったんです。

その理不尽さに対して、ほんとうは「まず怒る」というところから始めるべきだと僕は思うんです。

そのアンフェアネスに対して、「まず怒る」というところを抜かし、いきなり「国際社会で生きていきたければ英語を勉強しろ」と言うから、日本の子どもたちは「英語を勉強しない」というかたちで、その怒りを表現しているんだと僕は思っています。

減点法では、絶対に到達しえないような目標を設定して、それに比べてお前はこれだけ劣っているっていうことを絶えず意識させられる。自分がいかに目標から遠いかということ「だけ」を思い知らされる経験として日本の学校での英語学習体験がある。こんなことはほかの教科にはありません。

数学や古文といった教科は、とにかく断片を積み上げてゆく。少なくとも、「目標となるべき数学者」とわが身を引き比べて、劣等感に悩むというようなことはない。せいぜいクラスメートのなかの数学のできる子と自分を比べて「できて、いいなあ」と思うくらいのことで。それくらいなら詰めて勉強すれば追いつけないものでもない。だけど英語だけはそうじゃないでしょう。やればやるほど、「ネイティブみたいには英語が使えない」という劣等感がむしろ強化される。

だから、僕は中等教育での英語学習はもうやめたほうがいいと思っているんです。英語はもうやらない。代わりに「リンガ・フランカ」（共通の母語を持たない人どうしの意思疎通に使われる言語）を教える。

国際共通語だから、たまたま「英語に似たもの」ではあるけれど、「英語そのもの」ではない。というのは、「リンガ・フランカ」にはそれを母語とするネイティブ・スピーカーというものが存在しないから。「うちでは、そういう言い方をしない。だから、お前は間違っている」「その単語はこう発音するのが正しい。お前の発音は間違っている」と言う権利を誰にも認めない。

リンガ・フランカ学習では「間違い」の訂正をしない。赤ちゃんが母語を学習するときに、親がいちいち発音を訂正したり、文法的な間違いを訂正したりしませんでしょう。それと同じですよ。文法が間違っているから、言い直せなんていうことをがみがみ言っていたら、赤ちゃんはいつまでたってもしゃべれるようにはなりません。

母国語だけではコミュニケーションできないものどうしが、たとえば日本人と中国人が、リンガ・フランカというコミュニケーション・ツールを使って意思疎通する。そういうためのものでいいと思うんです。だから、リンガ・フランカでのコミュニケーションでは、「通じた」「読めた」という経験だけが純粋なプラス評価として加点されてゆく。

そういう外国語教育なら、子どもたちももう少し上機嫌に英語を勉強するようになると思うんですけどね。

成瀬　インドがまさにそうですね。インドの知識階級の人たちは、もちろん英語を教わりますが、教わらない貧乏な子どもでも英語をしゃべれる。どうしてしゃべれるかといえば、英語を使わないと小遣い稼ぎができないからです。

必要に迫られてしゃべるために、文法も発音もめちゃくちゃですが、相手には通じるんですよ。逆に言えば、相手に通じればなんだっていいわけです。

内田 インドの子どもが成瀬先生に話しかけるときは、正しい英語じゃないですよね。でも、それでしか意思を通じさせられない。その必死さがコミュニケーションを可能にしているんだと思うんです。

それに対して、たとえば成瀬先生が「ちょっと待て、文法が間違っているぞ」と言ったらコミュニケーションが断絶してしまう。「お前、今 you gived って言ったけど、違うぞ。you gaveだぞ」と訂正することなんかない。だって、「gave」と言うべきところを間違って「gived」って言ったということが「わかった」から訂正できるわけで、「わかった」ということは「通じた」ということですからね。それでいいんですよ。

成瀬 僕も知らないですし、わざわざ訂正する必要もない。

内田 発音も訂正しないし、文法も訂正しない。それでも場数を踏めば、ある程度難しい表現もできるようになるし、ニュアンスに富んだ言い回しだってできるようになる。それは赤ちゃんが母語を習得する過程を見ればわかります。要はコミュニケーションしたいという必死さに尽きると思うんです。

成瀬　インドでは、日本で英語が得意な人ほど、パニックに陥《おちい》るんですよ。インド人のしゃべる英語がわからないから。日本の教育で英語能力が高いと思われている人のほうが、インドではわからないんですよね。

僕が聞いたら何を言っているかわかるけれど、きれいな英語を学んでいる人は、インド人の子どもが言っていることがわからない。

内田　そうでしょうね。ノンネイティブどうしの意思疎通のためには、ネイティブ・スピーカーのような英語なんかいらないんだというルールが飲み込めないと、混乱するでしょうね。でも、それでいいと思う。インド人はインド風の英語を話し、中国人は中国語風の英語を話し、日本人は日本語風の英語を話すということでいいじゃないですか。

最近、英語を社内公用語にする企業がふえていますけれど、僕は反対なんです。だって、その主な狙いが、英語を話せる東アジアの人たちを安い賃金で雇用するための環境づくりだから。それによって日本の若者の雇用環境はますます悪化する。失業率が上がる。企業が収益を上げるために国民の雇用条件を切り下げることに、どうしてメディアが喝采を送るのか、僕にはさっぱりわからないですね。

それに公用語化というのは、学生たちにとっては、要するにいかにＴＯＥＩＣのスコアを上げるかということしか意味しないですから。でも、さっきから言うように、そういう資格試験は「ネイティブ・スピーカーであれば満点を取れる」というしくみですから、子どもたちに小さいころから、減点法で自分の英語力をカウントする習慣を刷り込むだけなんです。

減点法はダメだ、ということを僕は30年教壇に立って、骨身に染みているんです。潜在可能性を開花させようと思ったら、とにかく一つずつできたことを積み上げていって、ゆっくりいいところを伸ばさなくちゃダメです。日本の中等教育の先生たちは、英語公用語化反対をもっと必死に訴えるべきなんです。これ以上、英語嫌いをふやしてどうするんです。

第4章

先行き不透明な時代を生き抜く胆力

「今を楽しむ」という必死の覚悟

成瀬　僕の生き方は、常に「今」なんです。僕は、明日死ぬかもしれないから（笑）。「今、楽しまないでどうするの？」というのが基本姿勢です。

この対談が終わって外へ出た途端、車に轢《ひ》かれて死ぬ可能性は誰にも排除できません。そうであれば、その前に「今、内田さんと楽しい話、不思議な話をしておかないともったいない」というふうに考える。

飲み会でもそうです。「ビールがうまいなあ。あー、生きていてよかった」と、その瞬間を誰よりも楽しむようにしています。一歩外に出たら死ぬかもしれないですからね。今を楽しまなければ損だと思っています。日々、これの連続です。

内田　「必死の覚悟」ですね。ふつうの人は、「一歩外に出たら死ぬかもしれない」とは思いませんから。自分は「平均寿命くらいは生きるだろう」と思っている。そんなことなんの根拠もないのにね。

成瀬　それは、生き方が甘い。

内田　そういう人のほうが、結構危ないんですよ。「一歩表に出たら、車にはねられて死ぬかもしれない」と思っている人のほうが事故に遭《あ》う可能性が低い。「そういうことはわが身には起きない」と無根拠に信じている人のほうが備えが甘いです。

自分の役割を全うする

成瀬　そんなふうに思うのは、僕が毎年、標高4000メートルのヒマラヤ山中で修行をしているからかもしれません。やっぱりそこは相当に危険な場所なんです。たとえば、2009年に行ったときは5メートルの岩から滑落《かつらく》して、けがをしてしまった。でも、けがをしてもただでは終わりません。僕はけがをすると「どうだ、すごいだろ」と言って自慢するんです。

逆に、傷が治ってしまうと悲しいんです。一つ、自慢の種がなくなってしまうわけですから（笑）。

修行中に滑落で死んでしまうかもしれない。でも、そうなったらそうなったで、そういう運命だろうし、そういう役割だろうと思います。死なないで帰ってきたということは、日本に戻ってまだいろいろとする役割が残っているわけです。内田さんと対談をしたり、ヨーガの神髄《しんずい》を人に教えたりする役割が残っているんだろうなと思う。

僕自身は、危険な場所の修行でも、ディズニーランドで楽しむのといっしょだと思っています。自分の人生のなかで、危険なところで危険な目に遭うのは、グッドです。そういう経験はいっぱいあるけれど、「死にそうになる」のと「死ぬ」のは、まったく別物です。死にそうな目に遭ったら、日本に帰ってきて自慢できるけれど、死んでしまったら自慢できません（笑）。

内田　死にそうな目にそんなに何度も遭っているんですか？

成瀬　何度もあります。確か、２０００年の修行の際の出来事です。その年は、ほんとうは雨が降る時期ではないのに雨が降っていて、山は地中にいっぱいの水を孕《はら》んでいました。あるポイントを通り抜けた30秒後くらいあとに、そのポイントに山の上から軽トラックくらいの岩がボーンと落ちてきた。その後、ずーっと大量の土石流《どせきりゅう》が何時間も流れ続けていました。

その時間差は、約30秒です。もし30秒遅かったら、完全に死んでいましたね。そのさらに先に歩いて行くと、いつもは渡れるくらいの小さな川が増水していた。仕方がないので、少し戻ったら、その川のところに岩がまた上から大量に落ちてきたんです。その年は当たり年でしたね。

毎年、そうしたアクシデントはあります。たとえば岩を登っているときに、僕の顔に向かって岩が飛んできたこともある。手を放したら下に落ちてしまうから、必死に岩にしがみつきましたが、顔にアザができただけで大丈夫でした。

氷河を歩いているとき、足のところに何トンもの岩が落ちてきたこともありました。それも大丈夫でしたが、下手をしたらその岩といっしょにクレバスに落ちるところです。こういう話も、日本に帰ると自慢話になる（笑）。

そこで死んだら、それも人生の役割だなと思います。別にそれはそれで正しいと思う。それでも自分がまだ生かされているということは、まだやることがあると神様が言っているんだなと思うわけです。

だから、どんなことがあっても、ヒマラヤに行くことをやめようとは思いません。それを乗りきったあとには、こうして内田さんにも自慢できる。

「ほんとうに大変だったんだよ」とこう話せることは、僕にしてみればうれしくてしょうがないわけです。修行には、そういう人に自慢するネタを探しに行くみたいなものです（笑）。

生き抜く覚悟、死ぬ覚悟

内田　成瀬先生は、修行の場所として、ヒマラヤ山中のそんな危険な場所をなぜわざわざ選ぶんですか？

成瀬　武道でも同じだと思うのですが、絶対安全が保障された場所で修行しても意味がないからです。意味がないというと語弊《ごへい》があるけれど、いつ死ぬかわからないような危険な場所で修行をすれば、そこでしか到達できない境地があるんです。

ピクニックができそうな草の上で瞑想することもあります。しかし、より深い瞑想を求めると、どうしても厳しい場所でする必要が出てきます。

武術で言えば、野試合や合戦と同じかもしれません。道場のようなきれいな地面で戦うわけではなくて、岩がゴロゴロしていたり、足場がヌルヌルしていたりするようなところで戦うわけです。

ヨーガも同じです。今は屋内でマットを敷いてするのが流行っているけれど、もともとは屋外の山中でしていました。だから、僕も毎年ヒマラヤに行って、岩の上で瞑想をする。

絶対に坐れないような場所でも、僕は坐ることができます。だから、どんな場所でも、坐れる、戦えるという身体状態を身につけていないとダメなんですね。

そのためには、やはり細かな感性が必要です。一見坐れなさそうな場所でも、針の先ほどのバランス・ポイントが必ずある。それをつかめれば、安定して坐れるんです。

内田　僕は高いところが大嫌いなので、信じられないですよ（笑）。東京タワーの2層目くらいの高さですよね。

成瀬　だいたいそれくらいあります。ヒマラヤの断崖ギリギリのところで坐るわけですから、150メートルくらいのビルの屋上で、フェンスを乗り越えて縁に坐っているのと同じ感じです。それよりも坐りにくく、突風も吹いてくるから、もっと厳しい環境ではある。毎年たくさんの人が死んでいるわけですから。僕もヒヤッとした瞬間は何度もあります。

内田　先生は死にたいわけではないんですよね（笑）。

成瀬　もちろん。誰もわざわざ死にたいわけではありません。だから、冷静さを保つことが大事なんです。

周りで何が起こっているのかを判断して、岩が飛んできたらサッと逃げる。瞑想をしていて、ポワッと気持ちよくなっているようではダメです。瞑想していくにつれて、より冷静になって、周囲の情況を深く理解できるようにならないといけません。

音で言えば、「あっ、この音は何かが落ちる音だな」と、細かく自分のなかに入ってくる情報を細分化できるのが瞑想です。そうすると、非常事態が起こるときに、いち早く察知できる。地面から伝わってくる情報をもとに、「まずい！」と思って、弟子とあわてて逃げて助かったということもあった。だから、無謀なことをしているわけではないんです。

もう一つ重要なのが「胆力《たんりょく》」です。坐りにくい断崖で突風が吹いても踏ん張れるのは、結局、自分の力なんです。「うんっ」と言って、自分をその場所に据えつけるための胆力です。

僕が胆力で、「うんっ」として坐っているときは、おそらく武道家でも動かせないと思います。それくらいで動くようなら、150メートル下に落っこちてしまう。そのくらい胆力を練る必要があるんです。

ヨーガをきわめようと思えば、胆力を練らないといけない。なぜかといえば、生き抜く覚悟、死ぬ覚悟というものに直結しているからです。どんな情況であっても、「ここを生き抜く」という胆力は、技術的なものよりずっと大切なんです。

内田　多田宏先生も、よく「胆力」という言葉をお使いになります。同じ意味で、「断定する」ということも言われます。

自分が、あるとき、ある場所にいて、何かをしているときには、「私が今ここにいることは、宇宙が始まって以来宿命づけられていた必然の出来事である」と断定しなければいけない。断定できなくて、「俺はここでこんなことをしていていいのだろうか」というふうに気持ちが揺れると、集中が途切れてしまう。

「胆力」というのは別に「負けないぞ!」と力むことじゃないんです。勘違いしている人がいるかもしれないけれど、そうじゃないんです。断定することなんです。

成瀬先生が断崖絶壁で坐るようなときにも、「ここに自分がいることには、深い必然性がある」ということを断定しているわけですよね。一瞬でも「俺は、こんなところでいったい何をしているんだろう?」と思ったら、落ちちゃうでしょう。

成瀬　そうです。だいたい岩の上というのは坐りにくいもんです(笑)。

いつ落ちてもおかしくない。カチッと岩に乗っているのではなく、地面と一体化して、地面の続きに自分がいる感じでいると、150メートル下に落ちないで済むんですよ。

内田さんが言う「断定する」というのは、よくわかります。

執着をなくさず、離れる

成瀬　現世に対して執着がある人は、死ぬ覚悟ができていない。死ぬ覚悟というのは、「今ここで死んでもいい」ということではない。別の言い方をすれば、「今を生き抜く覚悟」であって、今を命がけで生きるということなんです。だから、先ほども言ったように、「対談が終わったあと、すぐに車に轢かれて死ぬかもしれない。だから、今を懸命に生きる」ということになる。

僕には死ぬ覚悟があるけれど、それは現世に対する執着があるか・ないかによるんです。パッと自殺するのは、正直に言えば、誰にでもできることなんです。別に死ぬ覚悟があって、死ぬわけではない。現世に対する執着があるから、自殺するんじゃないでしょうか。

内田　ここ20年以上、毎年3万人も自殺していますね。

成瀬　やりたいことがいっぱいあったり、家族への未練や金銭欲、名誉欲があったりするというのは、まさしく執着ですよね。

多くの人は、「煩悩《ぼんのう》をなくせばいい」と勘違いしています。座禅などの説明でもそう言われるけれど、煩悩をなくすなんて、絶対に無理です。雑念をなくすのも無理。どんな聖人君子でも、煩悩も雑念もなくならない。それこそ死ぬ瞬間まで煩悩はあるわけです。

煩悩をなくすのではなく、あらゆる煩悩に対する執着から離れること。「なくす」と「離れる」は、まったく意味が違う。つまり、お金があるほうがいいのは当たり前で、おいしいものを食べたいというのも当然のこと。どんなに修行をしても、死ぬ瞬間まで煩悩はなくならない。

大事なのは、「あってもいいよ。なくてもいいよ」という状態になること。これが、執着から離れるということです。僕には、ヨーガの教室もあれば、家族もある。いろいろなものがあるけれど、「今、それらがなくなってもいいよ」という思いがあります。お金があったら、その分楽しめるけれど、別にお金がなくても大丈夫。覚悟というのは、執着から離れることだと思います。

内田　もう30年近くも前の話ですが、自分の子どもが生まれたとき、非常に不思議な感覚があったんです。

リチャード・ドーキンス（イギリスの動物行動学者であり、進化生物学者）の「利己的遺伝子」仮説に通じるところがあるかもしれませんが、子どもが生まれて、晴れて自分のDNAが次世代に引き継がれた。そのことで、僕自身が生物学的には「ご用済み」になった。重荷を下ろしてほっとしたという感じがした。遺伝子的には「お前の仕事はもう終わったよ」と言われたような気がしたんです。それが嫌だったというんじゃないんです。どちらかと言えばほっと安心したんです。「そうか、俺の用は済んだんだ。じゃあ、もう、いつ死んでもいいんだ」と思ったわけです。

だけど同時に、小さな赤ちゃんがピーピー泣いているわけですから、「今死ぬわけにはいかないなあ」とも思う。

奇妙な話ですけれど、子どもが生まれたときに、「もう死んでもいい」という確信と、「ここで死ぬわけにはいかない」という確信がいきなり葛藤《かっとう》したんです。

それまで曖昧《あいまい》だった「死」というものが、そのとき初めて具体的になってきた。「いつ死んでもいい」と「まだ死ぬわけにはいかない」というリアルな死をめぐる葛藤のなかに放り込まれた。それまで、「死」というのは単なる抽象概念だったんですけれど、それが具体的なものとして切迫してきた。子どものときは、単純に「死ぬのは怖い」と思っていた。それが「どうせ人間は死ぬし、死ぬのはぜんぜんかまわないんだけれど、死ぬ前にやるべきことだけはやっておかないと」に変わったんです。

成瀬　やるべきことは、やっておいたほうがいいですね。だから、僕は「常に命がけ」と言っている。命がけというと、ものすごく難しそうに思われるけれど、そんなことはない。簡単に言えば、今を楽しむ、常に楽しむということなんです。

常に命がけで生きていれば、常におもしろいことを探せるわけです。

内田　楽しければいいんですよね。人生を楽しく生きる方法はいっぱいあると思う。どうして、高い年収や高い社会的地位みたいなところだけを目指す必要があるのか、僕にはさっぱりわからないです。

人生に万人に妥当するような幸福の物差しはないんですから。楽しさや上機嫌は他人と比べるものじゃない。年収や地位は計測することができるから「ある」ということになっている。けれども、生きる知恵や力なんてものは計測しようがない。だから、「ない」ということになっている。でも、「数値的に計測できる・できない」ということと「存在する・しない」というのはレベルの違う問題ですからね。僕にとっては、生命力が賦活《ふかつ》するかしないかは命がけの問題ですけれど、それ以外のことは、ほんとうにどうだっていいんです。

成瀬　最近悪くなりつつあるけれど、ブータンという国はいいね。GNP（国民総生産）ではなくて、GNH（国民総幸福量）というのは世界一だという。

民主化して世界のいろいろな情報が入ってくると、それで満足できなくなるから、非常に難しくなる。テレビがないだけでだんだん不満になってくる。テレビがなくても幸せだったのに、いろいろな文明が入ってくると、満足できないものなんですね。

何が起こるかわからないから楽しい

内田　多くの人は、未来に対して「世の中の流れは、だいたいこんなふうに進行する」という予測を立てている。でも、未来は未知だから、何が起こるかわからない。「一寸先は闇」なんです。

胆力というのは、そういう何が起こるかわからない現実を生きるために備わったものなんですね。胆力がない人は、「だいたいこうなるだろう」という無根拠な予測を立てておいて、予測と違うことが起こると、驚いて、肝を潰《つぶ》してしまうんです。

別に、驚くのが悪いと言ってるわけじゃないんです。フランスの哲学者ロラン・バルトは「知性とは驚く能力のことだ」と言っているくらいですから。「驚く」のはいいんです。でも、「驚かされる」のはいけない。

「驚く」というのは、能動的なふるまいです。でも、「驚かされる」というのは受け身ですね。「驚く」人は何を見ても「おお、これはなんだろう！」といちいちびっくりする。未知のものに対するセンサー感度が高い。だから、わずかな変化にすぐに反応する。そういう人は「桜が咲いた」と驚き、「セミが鳴き出した」で驚く。「風の音にぞ驚かされぬる」というのは端的に「いいこと」なんです。

逆に、「驚かない」人は、些細《ささい》な変化には反応しない。自分で勝手に「今日は昨日の続きで、明日は今日の続きだ」と思っている。だから、小さな変化には目を向けない。そういう人は、巨大な変化の予兆を組織的に見落とすから、ある日いきなり肝を潰すような地殻変動的変化に遭遇《そうぐう》することになって、その変化に対応できない。

「驚き」方を知らない人は「驚かされる」。そういう人は危機的状況に遭遇すると、思考停止に陥《おちい》ったり、判断を放棄《ほうき》して、仮死状態に退行したりしてしまう。

自分一人のことなら腰を抜かしていてもいいんですけれど、公共的なシステムの管理者とか、重要な判断を下さなければいけないポジションにいる人が、肝を潰して腰を抜かすということになると、被害が他人に及びますからね。

成瀬　記憶がなくなるというのは、一種の防衛本能で、自己崩壊しないための方法ですね。僕のところで講師をしている女性は、バイクで車にはねられて、宙を飛んだんです。彼女は車にぶつかった瞬間から、記憶がないと言っていました。

車にはねられた記憶が残っていると、恐怖感のために日常生活が成り立たなくなります。そうならないように、ブレーカーのように記憶が落ちてしまうんですね。

内田 なまじ強固な世界観を持っている人のほうが肝を潰しやすいということはありますね。信仰とか政治的信条を持っている人はふつうは安定した人に見えるけれど、信仰の揺らぎや、イデオロギーの危機に適切に対応するシミュレーションをしていないから、足下が崩れるような危機のときには、むしろ脆《もろ》いです。

すべては死を迎えるための仕込み

成瀬 信仰というのは、ほんとうに脆いように思います。最終的に何に頼れるかといえば、自分自身しかいないんです。宗教はもちろん必要ですが、最後に頼れるのは自分です。自分の身体が今ここにあり、自分の心で今感じる。死ぬのは自分であり、それを誰も手助けしてくれない。

だけれども、さまざまな宗教が、「うちに来れば大丈夫です。いい生涯を送れますよ」と言う。それは、ほんとうではありません。死ぬまで全部自分で選択して、自分の足で歩んでいかなければいけないわけです。

死ぬまで丁寧に手を引っ張ってくれるものは存在しません。いかに人生を歩むか、いかに死に向かうか、です。そして、死を楽しむのは自分しかいないんです。

内田　僕も、死を楽しみにしています。死というのがどういう感じなのか、誰からも聞いたことないですから。「あ、こういうことだったのか」「こんなことじゃないかと思っていた」ということを誰かに言いたい。そのときには言う相手がいないんですけど（笑）。

成瀬　別に言う相手がいなくてもいいんですよ。自分が楽しめればいいんです。僕がヨーガをしているのも、死の瞬間を楽しむためにしているようなものです。つまり、僕たちは人生でいろいろな体験ができるけれど、唯一、一生に一度しかチャンスがないものがある。それが、死なんですね。

ということは、死は人生のなかでいちばん最高の体験であるはずです。だから、その死の瞬間をじっくりと味わいたい。

死の瞬間には、走馬灯《そうまとう》のように、これまでの人生を振り返るということがよく言われています。もしそれがほんとうならば、つまらない人生を歩んだ人は、つまらない走馬灯しか見ることができない。死の瞬間に、「俺って、こんなに情けない人生だったのか」と思うことほど、悲しいことはありません。

だから、僕は楽しい走馬灯を見るために、毎日楽しいことをしています。毎日いろいろな人に会ったり、いろいろな体験したりするのも、すべて「死のための仕込み」なんですよ。

日々命がけで生きるというのは、そういうことです。死の瞬間の走馬灯をおもしろくするために、懸命に生きているわけです。早く死にたいわけではなく、死の瞬間をワクワクした気持ちで待っているんですね。

内田　僕もそう思います。常住坐臥《じょうじゅうざが》、死ぬことを考えています。「死ぬときの準備を毎日している」と言ってもいいくらいです。「自分が急に死んだとき、周りのみなさんが困らないように」ということをいつも考えています。

でも、どちらかというと、逆に、自分が死んだら、みんなが困るように生活を構築している人のほうが多いですね。家族や友だちをほんとうに気遣《きづか》うなら、自分がいなくなっても、ぜんぜん困らないように、すべてをセッティングしておくべきだと思うんです。自分が消えても、その欠落が人々を不幸にしないように、日々努力しておくこと。それがいちばんの心遣いだと思うんですよ。

僕は自分が死んでも、周りのみんなが相変わらずニコニコハッピーに暮らせるような死に方がいいなあ。「内田は死んじゃったけど、なんか生きてるときとあんまり変わらないねえ」と言われるのがいちばんうれしい。

不思議なもので、自分が幸福になるために何をすればいいのかと考えると、どうしたらいいかよくわからないんですけれど、周りのみんなが幸福になるために何をすればいいのかはすごくハッキリと見えてくるんです。

成瀬　僕は教室が終わったあと、教室のみんなを連れてよく飲みに行きますが、そのときはよくおごるんです。それは、僕なりの生前贈与です。「今日は払いますよ」と言われた場合でも、「いいよ、来世《らいせ》で返してくれたらいいから」と言います（笑）。

内田　そう言えば、多田先生もよく弟子たちにおごってくれますね。武道館の演武会のあとにはだいたい毎年九段会館の屋上で、総勢２００人くらいの打ち上げをやるんです。大人たちは多少会費を払いますけど、学生たちの分はぜんぶ先生のおごりですからね。これも生前贈与ですね。

成瀬　そうそう。生きているうちに喜んでほしいからね。僕のお金が死んでから分配されても、喜んでいる姿が見えないし（笑）。今、「ごちそうさまです」と喜んでもらえるほうがうれしい。

内田　お金はお墓に持っていけないです。

成瀬　だから、形見分けは生きているうちにしたほうがいいですよ。

この世に生を受けた宿命と使命感

内田　宇宙の大きな流れで考えれば、僕たちはほんとうに豆粒みたいな存在でしかない。その豆粒みたいな人間たちが、今ここに存在している。そのこと自体が奇跡的なことだと思うんです。宇宙の悠久《ゆうきゅう》の時間に比べたら、僕たちの人生なんて一瞬ですよね。そんな儚《はかな》い存在であるんだけれど、見方を変えると、悠久の宇宙に一瞬だけ奇跡的に誕生した唯一無二の生命体でもあるわけです。儚いものであると同時にかけがえのないものでもある。その葛藤をまっすぐに生きることが人間の宿命だと思うんです。

しょせん儚いものだよと思えば、あまり力まないで済みますし、自分はかけがえのない奇跡的な存在だと思えば、気合いが入る。

成瀬　1999年にハルマゲドンが来て、地球が滅亡するとか、2012年にも地球が滅亡するとかといった類《たぐい》の話があるけれど、それであたふたするのは、僕は滑稽《こっけい》だと思うんです。もしほんとうに人類が滅亡するのならば、それが決まっているのならば、僕はワクワクします。

だって、人類がいつかは滅亡するのは当たり前じゃないですか。人類の歴史なんてたかが知れているけれど、そのなかで人類が滅亡するタイミングに生きているとしたら、こんなラッキーなことはない。僕はもうワクワクですよ。人類が一斉に死ぬときに、僕も死を迎えるなんて最高じゃないかな。

たとえば、核シェルターとかに入って、一人だけ生き残っても、どうしようもないでしょう。逆に悲惨です。生き地獄でしょう。

宇宙の彗星《すいせい》がぶつかって人類が滅亡するという話をよく聞くけれど、「どうなるんだろう？」と楽しみだし、もっと言えば「僕の上に落ちてくれよ」と思ってしまう（笑）。ふつうだったら、そんな大スペクタクルを体験することはできないわけだから、楽しみでしょうがない。それで命を落とすのなら、大満足です。

内田　さすがたいへんな胆力ですね。おっしゃるように、いつか彗星が衝突して地球上の生物が絶滅するかもしれない。でも、長い世代にわたる贈り物の最後の受託者としてその経験をするわけですからね。彗星がどかんとぶつかったときには、「はい、これまで長々とどうもありがとうございました」とひとこと謝辞を申し述べるべきなんでしょうね。

成瀬先生が先ほどおっしゃった「おごる」ということも贈与の一つの形ですし、家族を作る、弟子を育てるというのも同じことだと思うんです。

次世代に「パス」を送る。誰かからパスを受けて、その贈り物のおかげで、僕たちはここでこうしていられるわけですから、それは次の誰かにパスしなければいけない。自分のところに留めておいたらダメで、ワンタッチで次にパスを出す。

成瀬　ヨーガの目的は、自分自身を知るためという話をしたけれど、それは自分の身体と心、すべてを含めて、どこまでコントロールできるかということでもある。自分にかかわること全部をコントロールするための手段がヨーガです。

ということは、いつか訪れる死をさえコントロールしたいわけです。コントロールできたほうが、自由ですし、いろいろなものから解放されます。

そして、究極的な解放が死であり、逆に言えば、死ぬということがなければ生きていてもしょうがない。最後の究極は、死をコントロールするということです。だから、「明日死のう」と思って、自殺ではなく、自然に死ねたら最高ですよ。

「死にたくない」という執着から解き放たれる、離れること。それは諦めるというのとはまったく違います。それを求めて僕は修行しているんだと思います。

遅刻魔は種の保存にとって大切

内田　個人的な話で恐縮ですが、うちの奥さんは、約束の時間に来られない人なんです。出かけるときに、「ちょっと待って。あと1分で行きます」と言っても、まず1分では来ない。3分待っても5分待ってもなかなか来ない。「部屋からここまで下りてくるのに、何分かかっているんだろう？」と思うと、何かやっているんですよね。どうも「さあ、行かねば」と思った瞬間に「やらなければならないこと」を急に思い出すらしいんです。

そういう気分って、なんかわかるんですよ。奥さんがほかの人と待ち合わせをしているときの様子を横で見ていると、間に合う時間に出かけようと玄関までは行くんですけれど、靴を履《は》こうとする瞬間にハッと何か思い出すらしい。急に探しものを始めたりして（笑）。

あれは「遅刻する人たち」全員に共通することなんじゃないかな。前方にこれからなすべきことが一直線に見えているんだけれど、突然、何かが道を遮蔽《しゃへい》してしまう。何か知らないけれど、「すぐにやらないといけないもの」と名乗るものが不意に目の前に登場して、ものごとの優先順位を混乱させてしまうんです。あれはいったいなんなんでしょうね。

これまで、「約束に遅刻する人」をずいぶんたくさん見てきましたけれど、わかったことは、これはどうも本人の努力ではどうにもならないらしいということです。

昔の友人で、あらゆる待ち合わせに必ず遅れて来た竹信《たけのぶ》っていうやつがいたんです。でも遅れる時間がばらばらなんです。3時間遅刻するときもあるし、5分遅刻することもある。

あるとき、自由が丘でいっしょにお茶を飲んだことがありました。竹信はこのあと新宿で3時に約束があると言ったんで、じゃあ2時過ぎに出ればいいかと思っておしゃべりしていたら2時になったので、僕が「そろそろ出たほうがいいんじゃない?」と言うと、「まだ大丈夫だ」と言うんです。僕も話がおもしろいから、ついそのまま腰を据《す》えてしまった。2時半になったから、「さすがにもう行ったほうがいいんじゃないの?」と言っても、「まだ大丈夫」。2時45分になっても、「まだ大丈夫」。そして、3時になったら、「おっと」と立ち上がった。

そのときにわかったんです。竹信がいつも遅刻していた理由が。彼の場合は、約束した時間になるまで約束が切迫してこないからなんです。だから、約束の時間に彼がどこにいたかで遅刻する時間が決まる。歩いて5分のところにいれば5分遅刻してくるし、電車で2時間のところにいれば2時間遅刻してくる。

でも、遅刻するという特性がこれだけ多くの人間たちのなかに抵抗できないしかたで植えつけられていることに僕は興味があるんです。これはこれで一種の遺伝戦略なのかもしれないですね。パンクチュアルな人（時間に正確な人）たちと、それができない人たちが時間系列上にランダムに並んでいる。

成瀬　それは、神様の遊びかもしれないね。

内田　（笑）いいですね。そうか、そうですよね。すべての人間がパンクチュアルだったら、みんなが約束通りの時間に集まってくるでしょう。そこに雷か何かがドーンと落ちてきたらみんな死んじゃう。でも、遅刻した人は生き残る。

イワシの群れでも、みんなで同じ方向に回るんだけれど、なかにちょっと反対側に行くイワシがいるじゃないですか。あれも、前方で地引き網やクジラが待っていたりすると、みんな獲られちゃう。でも、反対側に行く変わったイワシがいるから種は生き残る。

種の保存を考えると、群れからずれた行動をする個体というのは、結構重要な存在なわけです。だから、最近では遅刻する人に対して温かい気持ちになってきました（笑）。

成瀬先生がおっしゃるように、これからは待ち合わせに遅刻して来た人には「お、これは神の遊びかしら」と思うようにします。

成瀬　「神」という言葉を使っていいのかわからないけれど、そういうのはある。古来から、人は平和運動をやっていて、平和な世の中になるように訴えるけれど、戦争がない時代は今までないからね。戦争を推進しているわけではないけれど、あれは必要なのかもしれない。

変なたとえかもしれませんが、職業は無数にある。医師が人気があるからといって、みんな医師になるわけじゃない。日本人1億2000万人みんなが警察官になっても困るし、逆に全員が泥棒になっても困ります。みんなが健康であればいいということではなく、病人がいなければ医師のなり手はいない。警官は泥棒がいないと存在価値はないし、泥棒はみんな泥棒だったら、社会は混沌《こんとん》として成立しないでしょう。これは、神の采配《さいはい》と考えることもできる。要するに絶妙なバランスなんです。

北朝鮮みたいな国があるのも、要するにバランスだよね。世界中の国が平和になればいいかというと、そんなに簡単なことでもない。

内田　それはありえませんものね。おっしゃるように、医師は、この世からすべての病人を根絶することが理想だけれど、全部根絶すると失業しちゃう。治しながら、その一方で新しい病気を作っていますからね。

ちょっと前に、メタボという「病気」を作りましたよね。最大血圧が140㎜／Hg

以上は高血圧症として病気扱いにします、とか。基準値を変えればいくらでも病気は作れますからね。

警察もそうですよね。警察はすべての犯罪の根絶が理想なんだけれど、みんなが犯罪を犯さなくなったらもう警察は要《い》らない。

成瀬　だから、不老長寿とか、不老不死を望むのはいいけれど、そうなると人類が滅亡するからね。不老不死になったら、生きていることが地獄ですよ。

結局、なんでもそうですが、バランスが大切なんですね。

身体が欲するものを食べればいい

内田　成瀬先生は菜食主義者《さいしょくしゅぎしゃ》でしたよね？

成瀬　菜食主義者というわけでもないですよ。別に選んで食べているわけではないですから。食べたいものを食べたいときに食べているだけです。

でも、偏食《へんしょく》です。「食べたいもの」というのが一つのキーワードで、食べたいものが少ないんですよ。肉を食べない、魚を食べない、野菜もほとんど食べない。アイスクリームは好きですけれど（笑）。

基本的には何も考えていないんです。半分冗談ですが、石を食べてもいいと思っている。要は、頭で考えて食べ物を選んでいるわけではないということです。僕の場合、肉を食べると出してしまう。身体が受けつけない。それだけのことです。

別に肉を食べるのを我慢しているわけではないんです。焼肉屋に行きたいのを我慢しているのではなく、ただ食べたいものを食べているだけです。

栄養学などを学んだ人は、食べたものがそのままエネルギーに変わると勘違いしているけれど、そんなことはありません。だから、水だけしか飲んでいなくても、生きられる人は生きられる。水をエネルギーに変えればいいだけの話です。

それだけではつまらないので、人間は肉を食べたり、魚を食べたりしているわけです。それでいいんですよ。みんな、食べたいものを食べればいいだけの話です。

「ヨーガをすると、肉を食べてはいけないんですか？」と、よく聞かれます。これはまったくの逆で、「食べたいものをガンガン食べなさい」と、僕は言っています。だから、周りの連中には、「肉を食え、魚を食え」と奨励しているんです。

バランスがありますから、肉を食べない人が1人いたら、食べる人が2、3人いないとバランスが取れません。

内田　断食はされませんか？

成瀬　断食はあまりしたことがないですね。気づいたら、「今日は食事していないな」というのはありますが（笑）。

内田　そうなんですね。僕は、断食は人間の根源的な身体能力を呼び覚ますのではないかと思っています。お母さんが襟元に縫いつけてくれた「もしものときの1万円札」みたいな感じの。「何かあったら、この1万円を使うんだよ」と言って、縫いつけるのって、あるじゃないですか。

断食して、栄養補給が絶えてしまうと生物としては危機的な状態になる。仕方がないから、ある段階で襟元に縫いつけていた1万円を抜き出す。手元には5円玉も10円玉もなくなっちゃったときに、いきなり1万円札が出てくる。この全能感は大きいですよ。

おそらく人間は生命的な危機に直面したとき、非常用に取り置きしておいた身体資源が目覚めるんじゃないですかね。断食をすると、どこかの段階で生命が危機的になる。すると、ふだんは使っていない生命力ストックが解放されて出てくる。そのときにみなぎる力動感がすごく気持ちがいいんじゃないかな。

マラソンをやる人に聞くと、疲労がある限界に達して、「もう走れない」というところで「非常用」エネルギーの放出が始まるらしいです。もう走れないはずなのに、急に身体が軽くなる。それは最高の気分らしいですよ。脳内では、エンドルフィン（脳内の神経伝達物質の一つ。脳内麻薬とも呼ばれる）がバンバン分泌《ぶんぴつ》されているんでしょうね。だから、走るのをやめられない。断食する人と、ランナーはそういう点ではちょっと似ていますね。

食生活と性生活は他人に意見しない

内田　僕も断食の経験はありませんが、一時期、玄米正食（マクロビオティック）をしていたことがあります。半年くらいやって、これはちょっと無理があるなと思って、やめてしまいましたけど。

玄米と有機野菜だけで、肉も砂糖も摂《と》らないんです。だから味覚が敏感になる。人工着色料や人工甘味料が全部ダメで、そういうケミカルなものを口にすると、吐きそうになる。

だから、ほかの人がそういうものを食べているのを見ると、ほんとうに「ゴミを食っている」ようにしか見えないんです。それを黙っていればいいんですけれど、つい言ってしまうんですよね。「そんなものを食うな。ジャンクフードは人間の食いもんじゃないぞ」とか、「砂糖はやめておきなさい。肉も身体によくないよ」とか、よけいなお世話をしちゃうんです。言うと、やっぱり言われた人は深く傷つくんですよね。

他人の性生活と食生活に関しては、横からあれこれ言うべきじゃない。「どうぞお好きなように」でいいと思うんです。「いい悪い」じゃなくて、「好き嫌い」なんだから、理屈は言わないでいい。でも、こっちも若かったから、つい理屈を言ってしまった。

大学の助手をしていたとき、フランスの詩を教えておられる、たいへん穏やかな先生がいらして、その方にコーヒーをお出しした。すると砂糖を5杯も6杯も入れるんです。黙っていればいいのに、僕はつい、「先生、砂糖を摂りすぎじゃないでしょうか？」と言ってしまったんです。そしたら、その常日ごろはきわめて温厚な先生が、「そんなことは僕の勝手だろう！」とこめかみに青筋を立てられた。そのときに「ああ、『そういうこと』は言ってはいけないことなんだ」と知りました。

「砂糖は毒ですよ、ゴミですよ」と言うのは、「それを食べているお前もゴミだ」ということとほとんど同義ですからね。

そのことをきっかけにして「身体によいもの」だけを食べるのをやめて、みんなと同じジャンクフードをパクパク食べるようにしました。それからは、食事については制限したことがありません。

でも、成瀬先生みたいな人は珍しいですよね。自分は自分の好きなものを食べるけれど、他人の食べ物に関してあれこれ言わないというのは。

成瀬　いや、自分の好きなものをどんどん食べてもらったほうがいいんです。僕の代わりに食べてもらっているわけですから。

たとえば、居酒屋で魚や肉も注文しないのは無礼な客じゃないですか。店に貢献していないわけですから。だから、食べてくれる人がいたほうが、僕もうれしいし、店もうれしいわけです。

機嫌のいい人は長生きする

内田　そういう人って、ほんとうに珍しいですよ。「肉はあまり食べないほうがいい」とか、「白米は身体にはよくないのだ」とかとつい言っちゃいますからね。

成瀬　僕は、要するに知識から入っていないからです。この人が肉を食べたいのであれば、身体が要求しているのだろうから、それはOKなんです。

僕は肉を食べられないから食べないだけの話です。肉が悪いから食べないということではありません。

だから、みんながそれぞれ食べているものは、自分が要求しているものだろうから、それは全部ＯＫだと、僕は基本的に思っています。

内田　食に対して、そういう寛容な人は少ないです。健康法を実践する人って、ほんとうにうるさいんですよ。でもね、「何々をしてはいけない」というタイプの健康法は身体によくないみたいですよね。身体をいじる系の健康法の提唱者で長生きした人はいないそうですから。身体の健康よりも心の健康のほうが大切なんですよ。身体に悪いことしながら上機嫌でいる人のほうがたいがい長生きしますから。

成瀬　僕は毎日楽しく食べて飲んでいるから、そこそこ長生きできるかもしれないですね（笑）。

内田　僕もいつも機嫌がいいですから、わりと長生きできるんじゃないかな。

僕が機嫌がいい理由は、多重人格だからなんじゃないかと思います。人格が３つあるんですよ。昼間仕事をしているときの僕と、寝ているときの僕と、お酒を飲んでいるときの僕と、３種類（笑）。

寝ているときの妄想《もうそう》なんかほんとうに凶悪無比ですよ。暴力とエロスの殿堂ですから。フロイトが診察したら、退屈で欠伸《あくび》をしそうなくらいに、幼児的な欲望がだだ洩《も》れした夢を見ている。その凶悪無比な「寝ているときのウチダ」と、仕事をしているときの真面目なウチダの間に、中間人格として「酔っぱらっているときのウチダ」がいるんです。だらだらして、不真面目で、やる気がなくて、なんの生産性もない人格が、労働する人格と夢を見ている人格を取り持っている。この3つの人格が適切なローテーションで循環していると、バランスがいいんです。だから、寝る前には、一杯飲んで、一回別人格で「でへへ」となって、それから寝る。

成瀬　まったく正しい！（笑）

内田　だから、25歳のときから飲まなかった日はほとんどないんです。カゼ引いたりして、体調がひどく悪い日でも、とりあえず飲んでみる。そして、「げ、酒がまずい」と思うと、「さすがに相当身体が悪いんだなあ」と確認する（笑）。

成瀬　確認なんですね。体調が悪いと、お酒はおいしくないですしね。

つらい状況ほど上機嫌になって乗り切る

成瀬　内田さんが言った機嫌のことなんですが、僕はいつ会っても機嫌がいいと言われます。しかし、特に機嫌がいいことを保とうとはしていません。

自分が興味のあること、自分がやりたいと思うことを常にしているだけです。そうすると、やっぱり楽しい。すると、自然に機嫌はよくなります。あと、どんなことでもおもしろがるタイプだということです。たとえけがをしてもおもしろいし、お腹が痛くなってもおもしろい。

この前、飲んだあとに自宅のマンションへ戻ってトイレに入ったら、食べたものが悪かったのか、脂汗《あぶらあせ》が出てきた。猛烈にお腹が痛くなってきたんです。そのとき、「ハァー、これはいけていいるなあ」と思いました。トイレのあとは床に横たわっていたのですが、この痛みが過ぎ去れば、さっぱりしてすごくいいんだよなと思ったんです。

内田　確かにそうですね。お腹の痛みも、身体がしっかり機能しているということですからね。毒をちゃんと排除しているんですから。

成瀬　身体に合わないものを食べると、お腹が痛くなったり、下痢《げり》をしたりする。でも、そのあとはさっぱりするしかない。その後の達成感を楽しむために、「いいよぉー、いいないいいな」と痛みに耐えながら思う（笑）。

内田　よくわかるなあ。僕は、先生ほど好きなことだけをしてきたわけじゃなくて、この前までは宮仕えでサラリーマンでしたから、立場上しなければいけないことも多かった。でも、基本的にはどんな仕事も楽しむようにはしています。なんとか理屈をつけて、「ああ、この仕事は楽しいなあ」と自分に言い聞かせる。

成瀬　嫌な仕事というのはあるんだろうけれど、嫌な仕事のなかに絶対楽しめることがあるはずです。それを探す人と探さない人がいる。「仕事が嫌だな」と思う人と、きつい仕事でも「ここおもしろいな」と楽しみのポイントを見つけられる人の違いは大きい。

内田　あまりつらいときには、この嫌な仕事が終わったそのときの解放感はいかばかりであろうと想像する。

成瀬　そうそう。最悪なのは、ほんとうに楽しいことがずっと一生続くことなんだよね。これほどつらいことはない。

内田　なるほど、そうか。濃淡があって、緩急がないといけないんですね。

成瀬　ちょっと嫌なことがあっても、このあと楽しいことが待っている。

内田　つらい状況というのは、自分自身の心身の能力が高くないと乗り切れない。だから、きつければきついほど上機嫌になるようにします。

不機嫌だと、センサーの感度も落ちるし、身体能力も低下する。だから、きつい状況ではとりあえず機嫌をよくする。笑いながらでもないと、とてもじゃないけど乗り切れない状況ってありますからね。

第5章

「3・11」から13年経って

3.11以降の日本

内田　この本は、２０１１年3月に上梓《じょうし》した『身体で考える。』の復刻版です。13年後、成瀬先生とふたたび対談することができ、その内容を第5章としてお届けします。２０１１年、東日本大震災、福島第一原子力発電所の事故が発生しました。それによって日本社会の常識が揺らぎ大きな変化が起こった。僕は本書の「まえがき」に「日本の霊的再生」への期待について書きました。さて、それから13年経って——成瀬先生はいかがお過ごしですか？

成瀬　僕は基本的にマイペースです。

内田　はい。

成瀬　東日本大震災があったときの僕は当事者じゃないわけですよね。当事者だったとしてもどういう状況になるかはわからない。家を失ったり家族が亡くなったり、いろんなことが起こるでしょう。もしそういう状況に置かれたとしても僕はマイペースですね。マイペースっていうのは、自分を見据《みす》えて、自分がこれから何をやるべきかをちゃんとわかって、一歩一歩進んで行くということ。外側の変化とか、他人の状況と自分をダイレクトには結び付けない。

内田　僕にとっては、２０１１年は大きな転換点でした。同年の3月末日に大学の教師を辞めました。震災後、大学に3週間ぐらい残って、震災復興支援の基本的な枠組みを作って退職。11月に神戸に凱風館という道場をつくりました。武道と哲学研究のための学塾です。それから13年経って、私も割と先生に近い身分ですね。天涯《てんがい》に上司もいなければ同僚も部下もいない。門人はいます。門人といっても共に道を歩む人たちで、僕が彼らの先達でただ歩いているだけですから。

成瀬　自由な人になったんだ。

内田　教員時代は自分のやりたくない仕事が結構あって、それが全部なくなって随分楽になりました。日本の組織って、昔はもう少し気楽だったんですけれども、90年代の途中ぐらいからどんどん息苦しくなってきた。日本の営利企業だけじゃなくて、大学や研究機関も同様に、嫌な方向に向かっている感じがしてきた頃にすっと抜けだせた。その後も、大学の理事や評議員として大学の経営にはずっと関わっているので、今が一番苦しそうだなっていうのはわかります。

成瀬　政府が組織の見本だから、政府が変だといろいろな組織がみんなおかしくなっていくんです。

内田　株式会社という仕組みに基づいて、統治機構も学校、医療機関も全部株式会社みたいな組織にしようとしているんですよね。組織のトップが全部決めて、上意下達《じょういかたつ》の指令に黙って従う。その判断が正しかったかどうかはマーケットが決める。その株式営利企業のモデルを全部に当てはめてきたので、ものすごくいびつになってきた。あと、膨大なブルシット・ジョブ（どうでもいい仕事）が発生してきたっていうことがある。２０１１年から13年間の変化って、日本社会の問題で見ると、とにかく息苦しくなって、いろんな組織がものすごく非効率になっている。生産性が落ちて、イノベーションがまったく起きなくなった。そして遊びがなくなっているということですね。

成瀬　企業にも遊びがなくなりましたね。ソニーの創業者・井深大さんがご存命の頃、僕のヨガ教室によくいらしてたんです。そしてソニー本社に「気の研究室」をつくったという話をしていました。リンゴを2つ用意して、1つは気を入れて、1つはそのまま。1カ月後の変化を見るそうです。

内田　気を入れると腐らないとか？

成瀬　その結果を僕は見てないけれど（笑）。

内田　それは会社における遊びですよね。そういうことが許されていたっていう風土があるからこそ、ソニーは他の会社とは違う、とても斬新なものを生み出すことができた。空中浮揚なんていうと、今はすぐに「エビデンスがあるのか」となる。でも、あるかないかではなくて、どういう条件が揃《そろ》ったら人間が空中に浮くのか、それを考えたほうがおもしろい。それが遊びですね。

成瀬　そうなんですよ。

内田　悪しき科学主義というか。でも、科学研究の最前線では日々新しい発見があって、測定機器の精度もどんどん上がっているわけだから。僕の合気道の師・多田宏先生は、合気道の気っていうのは、物理的な実体だとおっしゃるんですよ。別に神秘主義的なものじゃなくて、本当に気の動きというものはあると。

成瀬　量子《りょうし》力学《りきがく》では、物質波《ぶっしつは》（ドブロイ波）といって、あらゆる物質は波動的な性質をもつという説もあります。でもこれ、当たり前のことですよね。

内田　先日、能楽師の方たちと鼎談《ていだん》したんです。そこで回転について話しました。その方たちはワキ方なので、長いときには1時間40分ぐらいずっと坐っている。坐っているときに、体の中心がずっと回転しているんですって。僕も武道をやっているので、体軸とは回転だと身体実感としてわかるんですよね。体が回っている力を接点から相手に伝えていくだけであって、別に掴《つか》んで引っ張ったりとかしてないんですよ。そのとき3人で、「運動ってつまりは回転ですよね」と納得した。いろんな形の回転が体の中や外で起きている、明らかにフィジカルな力としてありますよね。

新型コロナウイルスのパンデミック

内田　2020年は、新型コロナウイルスの感染拡大が起こりました。これは、政治・経済問題や大規模災害ともまったく違う、まさに想定外の出来事。僕、いやなことは全部忘れちゃうんですけど。思い返してみると、ある期間道場を閉め、合気道の合宿も4年半の間一度もできませんでした。お稽古はしていましたけど。

成瀬　5月に緊急事態宣言が出て、何もやることができなくなった。散歩ばっかりしていました。ある意味、おもしろい経験でした。ただ、新型コロナウイルスによって犠牲になった方は可哀想でしたね。

内田　当初は専門家でもわからない状況でしたから、みんなの反応もさまざまで混乱が起きていましたね。特にワクチンについては、反ワクチンという人たちがけっこういることに驚きました。SNSなどでは、ワクチン派と反ワクチン派の対立がありました。現実的には、新型コロナウイルスについては科学的に解明されていないことが多くて、今なお何が正しいのかはわからないです。個人的には、それぞれの考えでワクチンを打つなり、打たなかったりすればいいと思いますが、そこで激しい対立が起こったことについては心が痛みましたね。ワクチンって、原理の問題じゃなくて、程度の問題だと考えているので、程度差を見ればいい。100パーセント正しいとか、100パーセント間違っているって言えないわけで。

成瀬　今ははしかが流行していますね。コロナよりも感染力が強いようです。

内田　先ほど組織に遊びがなくなったという話をしましたが、全体的に心にも体にも遊びがなくなってきたなっていう感じがします。

成瀬　やはり国のあり方が、国民全体に影響を及ぼしますね。昔の家庭だったら、お父さんが一番偉くて、お父さんが言うことは絶対で子どももその通りにした。それと同じで、政府の姿勢がどうしても国民に伝わってくるわけです。新型コロナについても、政府のやり方にいろいろ問題点があったんじゃないかなって気はするけどね。

内田 日本の場合、方針がなかったんじゃないですかね。リーダーシップを発揮できなかったっていう。このパンデミックの対応って、世界中で正解がわからない状態だった。明確な解決策がない以上、できることは被害を最小化するっていうことだけれども、日本は、それについても全然やってなかったって気がしますね。

成瀬 うん、そう思いますね。

内田 新型コロナの感染症を治す薬はない。でも、感染を防ぐ・拡大させない方法はわかっていた。マスクや手洗い、ソーシャルディスタンス。これらを徹底することで被害をミニマムにできるとわかってきた。場当たり的に、飲食店に制限をかけたり、3カ月休校にしたりなどいろいろやって、でもオリンピックはやる。しかも無観客で。と、ものすごいお金を使ってバカバカしいことをやってしまった。あのときに、日本という国は、国難的な状況に対応する能力が非常に低いということが露呈しましたね。

一歩一歩進むことで成長する

内田 僕は2023年4月に、右膝の人工関節手術をしました。手術する前は、本当にきつかったんですよ。軟骨がすり減っていますからね。歩くのもつらくて、家の中では這うような状態でした。膝って、耐用年数が50年くらいなんでしょうね。中高年になるとみんな膝が悪いって言うじゃないですか。でも昔の人は膝が痛くならなかった。なぜならその頃には死んでいたからです。今は、膝が悪くなってからさらに30年以上生きなきゃいけない。歳を取ると歯と目、膝が悪くなります。僕は、目は眼鏡で修正できたけど、歯はきました。昔だったら、歯が抜けて歩けなくなったら、もう道端で殺されて「さようなら」ってことですよ。現代ではまだまだ生きていられるっていうんですからね。

成瀬　医学の進歩もいい面と悪い面、両方あるようですね。「まだ生かされている」という状態になってまで生きていていいのか。

内田　そうです。だから完全に僕、余生なんですよ。昔だったら死んでいた。成瀬先生は震災やパンデミックを経験しても、常にマイペースなんですね。

成瀬　何が起こっても、一歩一歩前に進んで行くだけですね。というのも、人間は、生まれてから死ぬまで一歩一歩、人生を歩んで行くんですね。「人生を歩む」っていうじゃないですか。なぜ「歩む」というのか。それは、歩むことによって、他の場所に行って、誰かと出会う。それが人間の成長を促すんです。生まれた場所から出ずに、誰にも会わないで生きていたら成長しないじゃないですか。成長するのは身体だけで、それ以外何にも成長しない。だけど、誰かに会ったりとか、どこかに行ったりすると、さまざまなことが起こる。いいことも悪いことも経験できて、それで人間は成長していく。その過程での経験は全部自分なわけですよ。万が一、震災にあったとしたら、それは自分の成長になるわけですよね。だから、震災やコロナ禍《か》があってどう変わりましたか？　と質問されても、僕は基本的には変わらないです。そういう意味では。自分自身は変わらないけれども常に成長している。進化って言ってもいいね。成長っていうのは進化。ずっと同じ状態じゃないから、常に変わっていくわけです。

内田　人間の成長については、西洋と東洋では考え方が異なります。成瀬先生がおっしゃった成長とは、本当に東アジア的な「道を行く」ですね。連続的な自己殺し（アポトーシス）によって、自分は同一人物じゃないんです。もう次の瞬間には別の人になっていく。西洋的な自我や主体性、アイデンティティというのは、東アジア的な修行の概念のなかにはないんですよね。

成瀬　そうですね。

内田　欧米型の成長のプロセスっていうのは「本当の自分を発見する」こと。頑張って努力を続けて、本当の自分を発見したらパフォーマンスが爆発的に向上して、一応

「上がり」なんです。その後も道はずっと続くんですけど、次のハードルは「自我の危機」ですね。なにかアイデンティティが揺らぐことが起きて、また自分を発見する。ハリウッドのスーパーヒーロー映画を見るとわかります。全てのヒーローは最後に本当の自分を発見する。その後はシリーズものになって、アイデンティティ・クライシスからの復活。そのパターンのくり返しなんです。自己刷新ということはない。

成瀬　たしかにそうだね。

内田　でも、東アジア的な(成長のための)修行というのは、ひたすら道を前に進むだけです。どこまで行くのか、目的地はどこなのか知らずに、前を歩く先達の背中についていく。目的地がどこであるかもよくわからないし、どこまで来たのかもわからない。とにかく道を歩んでいく、連続的に自己刷新していくっていうことが東洋的な意味での「行」ということなんです。まさに「行く」っていうことなんですけど。

成瀬　そうですね。

内田　藤田一照《ふじたいっしょう》さんという曹洞宗《そうとうしゅう》のお坊さんは、長らくアメリカで禅を教えていました。でも、「行」という言葉にあたる英語がないそうです。「プラクティスはどうですか」って言ったら、それは違うと。プラクティスは本番の舞台の前のお稽古っていう意味があるから。行とは、トレーニングでもないし、エクササイズでもない。部分的に心肺機能や筋力を鍛えるわけでもない。アメリカ人に説明するのがとても難しいそうです。

成瀬　それは難しいでしょうね。

内田　あるアメリカ人の生徒に「3週間坐禅を続けているけど、あとどれくらいで悟《さと》れますか？」と言われて、困っちゃったと。ちゃんと終わりがあって、そこに行ったら獲得できるものがある。何月何日にこれを修行するとこういう力がついて、何月何日に最終的にこれが達成され、こういう技能や知識が身につきますっていう、全体のプログラムがないと欧米人は納得できないらしいです。

成瀬　ヨーガの観点から「その終わり（ゴール）とはどこか？」と言うと、それは「死」なんです。

内田　おぉ。

成瀬　全員、そこへ向かっているんです。人間、生まれたらゴールは死しかない。ヨーガの場合にはゴールを、解脱《げだつ》（ムクティ）と言います。その考えの根底には、輪廻（生まれ変わり）という概念があります。人間はこの輪廻の輪の中がすごく嫌なわけですよ。だからここから抜け出したい。でも、解脱はなかなかできることじゃない。そんな人々を絶望させないために「ベナレスで死ねば解脱できる」って教えがあって、インド人はそれを信じている。インドのベナレス（ガンジス川沿いにあるヒンドゥー教の一大聖地）に行くと、「解脱の館」（ムクティ・バヴァン）という施設があって、死期が近づいた老人を村人たちがお金を出し合ってそこに連れてくる。館には奉仕する人々がいて、食事の世話などをしてくれ、老人はそこで死ぬのを待つわけです。いよいよ死ぬと、解脱ができたと。本当に解脱できたかどうか別としても、そういうストーリーがある。ベナレスに行けば解脱できるという救いがあるから、なんとか生きていけるわけです。

内田　それって、誰が思いついたシステムなんでしょうね。

成瀬　誰だろうね。日本にはそういうのはないですよね。インドの民衆ってほとんどが厳しい暮らしをしています。生まれ変わっても同じか、もっと過酷かもしれない。そしたらいやだと思うわけですよ。こんなこともう今生《こんじょう》で終わりにしたいと。だから解脱したい。解脱するには、修行して自分を極めて悟るという道はあるけれども、民衆はそんなことできない。普通に生活するだけでも大変だから。その代わり、山で長期間修行して町に降りてきたサドゥー（行者・ヨーガの実践者）に出会うと喜捨《きしゃ》をするわけです。

内田　それも解脱のためなんですね。

成瀬　そうです。ヨーガの場合、解脱を目指して修行しているわけです。そのなかでも、死をいかに迎えるかというのがもっとも大事。自分にとって最高の人生を送れば、最高の死が得られるわけです。日本でも、死ぬ瞬間に走馬灯のようにそれまでの人生を見るって言われていますね。走馬灯で見るものがひどい人生だったら、悲しいわけじゃないですか。だけど、日々充実した人生を送っていれば、その走馬灯はキラキラしているはず。だから日々充実した楽しい人生を送るのがベストなわけです。

内田　そういうことですね。

成瀬　ヨーガ行者の場合、さらに自分の意思で死のうとするわけです。マハーサマーディ（瞑想に入り、至福《しふく》のうちに肉体を離れる）って言うんですけど。マハーサマーディとは「偉大な悟り」という意味で、悟りのなかでももっとも偉大であると。というのは、他のことはコントロールできるけど、死は基本的には自殺以外はコントロールできない。でも自殺は罪であってコントロールしているわけではありません。なぜ死が怖いかというと、いつ来るかわからないから。でもそれが自分でわかってコントロールできたら恐怖はないですよね。だからヨーガ行者は、マハーサマーディを目指します。でも死をコントロールするのはとても難しい。だからその前に身体や意識などのコントロールをやっていきます。僕は、心臓の鼓動をコントロールして、心電図ではほとんど動いてない状態にして戻すというのを一時やっていました。あるいは、手のひらの表皮だけ動かす、こんなふうに（やって見せる）。

内田　ほんとだ、皮膚の表面だけが動いている。力は使ってないですよね。

成瀬　力は使っていません。意識でコントロールしています。ヨーガというのは、肉体や精神をコントロールすることです。ヨーガのポーズ（アーサナ）なんかも、実はそのうちの一つなわけです。ひねったり、前に倒したりとか、いろんなことをやっていく。そういったコントロールをいろいろやった結果、最後の最後には自身の死をコントロールできるようになる。それを目指しているのがヨーガなんです。

内田　先ほどの走馬灯の話のように、生きることについては、とにかく一日一日楽しく生きていくって、ものすごく大事なことだと思います。

成瀬　うんうん。

内田　僕の哲学上の師匠は、エマニュエル・レヴィナスという哲学者なんですけれども、師曰く、大切なことはぎりぎりの危機的局面においても「お先にどうぞ」と言えるかどうかだと。自分がここにいることは、誰かの権利を奪っていることだから、できるだけ人の権利を奪わないように生きる。そういう独特の倫理観―多分、ユダヤ教の倫理観だと思うんですけれども―がある。この「お先にどうぞ」って、エレベーターや満員電車なら言えるかもしれない。でも、ぎりぎりの局面――たとえばタイタニック号が沈没する際に唯一残ったボートの席を、目の前の他人に譲れるか。考えちゃいけないんですよね、もう即座に「どうぞお先に」って言わなきゃいけない。

成瀬　なるほど。

内田　僕、考えたんです。これは、倫理的努力とかいい人になろうとか、いくら頑張ったってできませんよね。自然にはできないですよ。でも、先生がおっしゃったように、走馬灯がキラキラして、自分の人生は楽しかったと思えたら言えるかもしれない。ところが、人生に悔いや執着があると、もっと生きていたいと思うでしょう。毎日を楽しく過ごすことができたら、執着がだんだんなくなってきて、「まだどうしてもやりたいことがある」と思わなくなる。だから、日々を楽しく生きることはものすごく大事な修行だと思うんですよ。そうすると、人に親切になれる。「お先にどうぞ」と自然に言えるようになる気がします。

成瀬　マハーサマーディで、最終的に自分のコントロールで死ねるというのは、そこまでの間に執着が減っていくからです。よく「執着をなくせ」って言うじゃないですか。でも無理で、執着はなくならない。執着をなくすんじゃなくて、離れることができればいいんですよ。あってもいい、なくてもいいと思えれば、離れられるんだから。

財産や家族を守りたいとか、美味しい物を食べたい、性欲もある……って執着じゃないですかね。普通の人はそれがないと困るわけですよ。だから、絶対家族とは別れたくないと思う。それが執着ですよね。今、家族といて楽しいけれど、離れ離れになったらそれはそれで生きていくだろうと思えたら、執着から離れられるんです。執着をなくそうとすればするほどダメなんですよ。逆に執着が強まるから。人生になくてはならないと思っていたものから、一つ一つ離れていって、最後の最後で、「今死んでも大丈夫だな」となるわけです。

内田　そうですね。僕は家を出るときも、家族に対しては今生の別れ、今日で終わりかもしれないと思って「じゃあ行ってきます」と言うことにしています。どこかで車にはねられて死んじゃうかもしれないですか。そうすると、死ぬ間際に「あれ言っときゃよかった」とか「もう少し親切にしときゃよかった」とか悔いを残したくないので。

成瀬　いや、ほんとうにそうですよ。

内田　１９７０年代に大ヒットした「ある愛の歌（ラブストーリー）」という映画があります。そのなかで、過去にお父さんが息子にした悪いことについて“Love means never having to say you're sorry”と言う。I' m sorryって、自分がした失敗に対して言う言葉だけれど、後からごめんねというようなことははじめからするなと言っている。

このセリフは、「愛とは決して後悔しないこと」と超訳され有名なキャッチフレーズになった。でもこれは違うんです。相手が後悔する云々ではなく、愛があるならば、はじめから謝るようなことは決してしないこと。それが僕には、執着を手放すことに繫《つな》がると思うんです。

成瀬　皆さん勘違いされていることが多いんです。よく「明日やればいい」「来月になったらやろう」と物事を先延ばしするでしょう？　今やるんですよ、僕は。来月やればいいと思うのは、来月があると思っているから。でも僕はそう思わない。今僕がここで終わって外に出て交通事故で死ぬかもしれないです。そしたら明日も来月もないじゃないですか。だったら、今やったほうがいいわけです。たとえば「来月ハワイに行きます」とか言う。それは来月の話を今話しているわけだけれど、実際に来月ハワイに行ったとする。行ったときは「今」なんです。だから、実は全部「今」なんですよ。時間の流れがあって、通過点に今があるのではなくて、今という瞬間が無限に重なっている感じ。一番大切なのは今なんで、今しかないです。そう思うと、今会ってる人と楽しい思いをいっぱいしたほうがいいわけです。

武道やヨーガは自分を知るための作業

成瀬　先ほど科学と気の話をしましたけれど、エネルギーについても太古の人間は理解していたと思いますね。世界の歴史的な建造物──神社や城、宮殿でも、入り口からまっすぐ歩いていくと、その建築に突き当たらないんですよ。ちょっとずらしている。つまり、エネルギーをストレートに持っていかないんですよね。インドのタージマハルだって、素晴らしい門から入って進んでいくとやっぱりちょっとずれてるんですよ。

内田　それはどういう理由からですか？

成瀬　城などの場合は、敵が真っすぐ入ってこられないように。それと同様に、エネルギーをかわす。エネルギーが真っすぐ入ってくると、良くも悪くも影響が強すぎるんです。それを和らげる意味がある。いいエネルギーだったらば、ちょっとかわすことによって拡散できます。

内田　いいエネルギーと悪いエネルギーがある。

成瀬　いいエネルギーも悪いエネルギーも同じですよ。ストレートに来ると強すぎるから、ちょっとかわす。たとえば、今も内田先生と対面で話すと具合が悪い。ちょっとずらして坐るといい。真っ正面に向いたら、おそらく相手がかわそうとするんです。

内田　今日ぜひ成瀬先生にお聞きしたかったことがあるんです。正中線《せいちゅうせん》って力がありますよね。でも、正中線って、なかなか取れないんですよ。武道の場合、体内にぎゅーっとエネルギーが凝縮しているところが3カ所あって、上丹田《たんでん》、中丹田、下丹田。それらは正中線上にあるわけです。

成瀬　うん、うん。

内田　正中線と刃筋がミリ単位よりもっと精密に合うと、ものすごい力が出るんです。でも、ちょっとでもずれると全然出なくなってしまう。だんだん長くやってきてわかったのは、力ではないということ。力じゃなくて精度なんですね。身体が動けば正中線も動く。それだけじゃなくて、心臓が鼓動するたび、息をするたびに、正中線は変わるわけですよね。変わるたびに、その正中線にピタリと刃筋を合わせていく。

成瀬　ものすごい繊細な感性、感受性が必要だ。

内田　それが、古希《こき》を過ぎてようやくわかってきた。今までペンを奮《ふる》ったり、人を投げたりしてきて、ようやく運動の精度ということがわかりました。おもしろいことに、武道の世界にはえらい先生や達人たちがたくさんいるわけですけど、最後の最後は、皆さん瞑想するようになるんですよ。「戦いじゃなくて、和である」と。そもそも合気道は強弱、勝敗を競わない。試合もないし、相対的な優劣でなく、ただただ稽古をする。初心者も呼吸法や瞑想から入っていくので、ヨーガに近いです。「動く禅」と言われておりますので。

成瀬　確かにそうですよね。うんうん。

内田　動く禅という意味が、ようやく最近わかりました。技全体が、投げる、固めるとかではなくて、動きながら最終的にその正中線や刃筋、丹田の構造……そういうものがわかる体を作るためにやっている。

成瀬　ヨーガも自分を極めていく、自分ってなんだろうということをしっかり見つけていく作業。武術でも、結局自分とはなにかを探す作業であるんですね。私たちが生まれてから死ぬまで、一番わからないのは自分。だからこそ、自分を知る作業をする必要がある。それがヨーガなんです。自分に対する疑問を一つずつ解決していくことによって、だんだん自分がわかってきて、最後に自分のすべてがわかるとゴールできるわけですよ。「もう今死んでもいいな」と。自分がわかってないと死に切れないわけですよ。だからヨーガによって、自分を知って知って、知っていく。ほぼ自分のすべてを知るっていうことは、宇宙のすべてを知るのと同じくらいのことです。

内田　なるほど。そうするともう疑問がなくなって死んでいける。

どうやったらよく死ねるか

内田　この前「どうやったらよく死ねるか」というテーマの本を上梓しました。先ほどの話を聞いて思ったんですけど、インド人がとにかく解脱を求めるのっていうのは、この輪廻が嫌だからでしょう。日本人には輪廻という概念は根づいていない気がします。日本人が考える解脱「あの世」とは、この世の西方に極楽浄土があって、そこに行く。それが輪廻から離れるということかもしれないけれど、来世虫《らいせ》に生まれるとかって本気で思っている日本人は誰もいないでしょう。でも、インド人は本気で思ったわけでしょ。今生で悪事をなすと、獣に生まれ変わってしまうとか。

成瀬　日本の大乗仏教《だいじょうぶっきょう》系の考え方やイメージはそうかもしれませんね。ひどい人生だったけれど、極楽浄土に行けば楽になれると。インドのヒンドゥー教が説く解脱というのは、「人間卒業」ということなんですよ。人間としての勉強を全部終えて卒業。もう人間でいる必要はありませんよと。

内田　日本の仏教だと、ブッダが入滅した56億7千万年後に、弥勒菩薩《みろくぼさつ》がやって来てこの世で悟りを開いて民衆を救済する。そこで往生したいと願うわけでしょう。これは輪廻や解脱とはあまり関係がない。成瀬先生は、日本の仏教にはあまり影響は受けていないということですか？

成瀬　うん、そうかもしれないね。というか宗教にあまり影響を受けていないと思う。

内田　輪廻というのはどうですか。実感として。

成瀬　それは僕はデータだと思っているけれど、実感としてはあんまり。インドのある村に行ったときに前世を感じたというのはあるけれど。

内田　喜劇俳優ビル・マーレイ主演の『恋はデジャ・ブ』という、カルト的な人気を誇るアメリカ映画があるんです。それがまさに輪廻を扱った作品なんですね。原題の『Groundhog day』って、2月2日に田舎町で行われる伝統行事なんですが、主人公はその行事の日を何度もくり返して経験をする。絶体絶命のトラブルが起こっても目を覚ますと2月2日の朝なんです。その日に何が起こるかわかっているから、最初は女性を口説いたり、銀行強盗をしたり好き勝手なことばかりする。そのループから抜け出したいと自殺をしても、目覚めると2月2日。最後には主人公は、その日に起こるトラブルを未然に防いで、人を助けるようになる。やがて仏のような人になって、町の人から尊敬され、意中の女性に思いが通じる…という物語です。この映画の脚本家は、おそらく輪廻をくり返すなかで人は悟り、覚醒していくということを描きたかったのかなと。そう考えると人間って輪廻転生して、死んでは生きて、死んでは生きてをくり返すと、だんだんと成長しながら生まれ変わっていくってことですよね。

成瀬　うん、多分ね。勉強ですよね。人間としての勉強をくり返す。最後は人間の勉強のすべてをやれば卒業できる。留年してもいいんだけどね。

内田　前世っていうのは、なんとなくわかる気がします。虫とか植物とかじゃなく人間として。前世の記憶がある人っていますよね。チベット仏教のダライラマ法王は観音菩薩《かんのんぼさつ》の化身《けしん》（生まれ変わり）で救済者であると。先代の没後は次の化身を探す。前世の記憶を正確に語る子どもがいたら、その子が次代のダライラマであるとか。

成瀬　私たちも多分、前世の記憶をデータとして持って生まれてきていると思う。でも、現世で人間勉強をするには、邪魔だから封印されている。この前の人生が犯罪者だったりすると具合悪いんじゃないですか。そこで、前世のデータは封印するのです。それでも、なんかのはずみで前世の記憶がパカッと出ちゃうと、おかしくなることもあります。生まれてから3歳ぐらいで、大抵は前世の記憶っていうのは消えるらしい。それまではまだ開いているから。赤ちゃんとか幼児は宙を見て話したりするでしょう。

内田　日本では、7歳ぐらいまでが世俗と聖なる世界に片足ずつ突っ込んでいる存在ということで、子どもをすごく大事にします。子どもって超越的な世界と現実の世界の狭間《はざま》にいるんですね。日本では、半分野生、半分文明の人たちっていうのは基本的に童形童名なんです。子どもだけでなく、牛飼いとか野生獣を扱う人なんかは童形童名です。あと代表的なのは刀ですね。刀って超越的な力を現実的に発動するものなので、刀には、鬼丸とか小烏丸といった名前をつける。そして船。船も野生の風と水の力を利用して人間的な力に変換する中間にある装置です。だから子どもって刀とか船とかと同じカテゴリーなのでしょう。

成瀬　ほう。

内田　この世のものならざる領域とずっと混じっていたところから、こっちに来るっていうのがイニシエーション（通過儀礼《つうかぎれい》）。通過儀礼とは子どもが大人になる儀式と捉えられています。でもその線を越えると聖なるものと関わっていた領域から縁が切れてしまう、これが通過儀礼ではないかと僕は思います。子どもにとってそれはものすごい痛みを感じる。大きな別れ、何か喪失感をもたらす経験なので、このイニシエーションの後に、その痛みを癒やす話、物語を、人間は用意してきたのではないかと。幕末の日本に来た西洋人が一番驚いたのは、子どもがものすごく大事にされていることだと渡辺京二《わたなべきょうじ》さんの『逝きし世の面影』に書かれています。ヨーロッパは子どもを聖なる厳しく躾《しつ》けて、人間として育てようとする。でも、日本には伝統的に子どもを聖なる

しまった。

ものと世俗の間の中間の存在として考える文化があった。それはもう今はなくなって

成瀬　ないかもしれないですね。

内田　明らかに子どもはこの世ならざるものと繋がってますよね。だって、0から出てくる、無から誕生するわけですからね。かなりやばい存在です。我われは皆昔はやばい存在だったわけですよね。いろんなデータを持って出てきて、そのデータが現世で生きていくのにはむしろ邪魔になるから封印する。

成瀬　そこから人間として勉強しなさいって旅をするんじゃないですかね。

内田　僕の元同僚の教育哲学の先生が、人間が現世で知り合って友達になるのはせいぜい1000人ぐらいで、ほとんど前世で知り合いの人だと固く信じているんです。家系図をたどっていくと、先祖がクロスしているんですって。たしかに言われてみると、東京の下町で出会った親友は関東出身で、僕の父は山形・鶴岡で、母は神戸。でも、家系図をたどっていくと僕たちの先祖は同じような場所にいて、知り合いだった可能性が高い。

成瀬　そういうことありますね、たしかに。

内田　あるパーティーで、髭《ひげ》を生やしたちょっと怪しい感じの人がすっと目の前に現

れて、「内田先生ですか」と名刺を出された。「先生は山形に来ることありますか？」と聞かれて「毎年行ってます。次のお墓参りの際に寄ります」となって羽黒山に行くことになった。その方は、羽黒山伏の星野文紘《ほしのふみひろ》先達だったんです。映画『ウエストサイドストーリー』で、主人公が運命の相手と出会う瞬間、周囲が暗くなって、互いが見つめ合って、引き寄せられていくシーンがあるでしょう？　そういう感覚でした。これが縁というものか！　と。

成瀬　うん、多分そうだねえ。生涯で親しくなれる人なんて、そんなに多くないからね、日本中の1億何千万の人と親しくなろうなんてできないからね。

内田　親戚以外で親しくなる人って、ほんとに何十人です。多分、この何十人って、運命の糸に操られて出会ったとしか言いようがないです。親しくなった人と出会ったときには、（この人とは縁がありそうだ）っていう感じはしますからね。前世でもきっとおつきあいがあったのかな。輪廻転生という概念が、あれだけ強い信仰として残っているのは、絶対実感があったからですよね。

成瀬　それはあると思います。

内田　僕の父親は89歳で亡くなったんです。長く生きてくると死ぬのが楽になってくるらしいです。85歳ぐらいになると、死ぬことは「隣の部屋に行くような感じ」になると言っていました。

成瀬　いや、それおもしろいね。

内田　長生きすると、だんだん執着が取れてくる。もう思い残すことはない、あるいは続きは来世でと思うんでしょうかね。部屋のドアを開けたらあの世。その感じが、すごくいいなと思って。僕も向こうの部屋に行ったら、そのときにきっと初めてわかるんですよ。死んだ瞬間に、「あ、これか」って。

小さく、たしかに生きる場所

内田　冒頭にも話しましたが、東日本大震災以降、日本はますます息苦しくなり、組織はダメになっていった。これは世界的な流れだから、そう簡単には変わりそうもない。旧弊《きゅうへい》の価値観が崩れていくなかで、若い人たちの間では、小さいサイズで自分たちの生きる場をつくろうという動きもあります。

成瀬　それはいいことだと思いますね。大きなことを成そうとするのは大変だけれども、周りの人間と集まって、たとえば有機農業をやるとか、技術を活かして新しい仕組みを作るとか、そういった活動は大切ですね。あまりにも政府や大企業のやっていることが無茶苦茶だから、さすがにこれは変だろうと思う人が増えてきたんでしょうね。

内田　既存のスキームが、政治も経済も、メディアもことごとく劣化してしまって、学術の世界もそうです。もう今の仕組みをちょっと手直ししたぐらいじゃ補正できないくらいに腐ってしまった。そうすると、このシステムの中に入って内側から直していくっていうことがもう無理かもしれないと思う人が増えてきているんでしょう。

成瀬　僕が一番ひどいと思ったのは、国の減反《げんたん》政策ですね。あれはすごい罪なことですよ。お米を作るのをやめたら、お金をあげますよって。あの政策によって辞めた農家はたくさんあります。どうして、国力が落ちることを率先してやったのか。食料自給率はそのまま国力だから。食料を輸入できなくなったらそれで終わりになっちゃう。輸出できるぐらいに米があったら国力が強いわけです。日本の国民が食べても余るぐらいお米を作りなさいっていう政策をやるべきなんです、ほんとは。

内田　減反させるぐらいだから、自給はできるんですよ。でも国内の需要がとても少ない。日本のお米って、国際価格では勝負にならないんですよね。世界で一番美味しいんだけれど高いんですよ。本当はそこで「日本のお米は高いけれども、とびきりうまい」というマーケティングをするべきだった。でもそれを国策として展開しなかっ

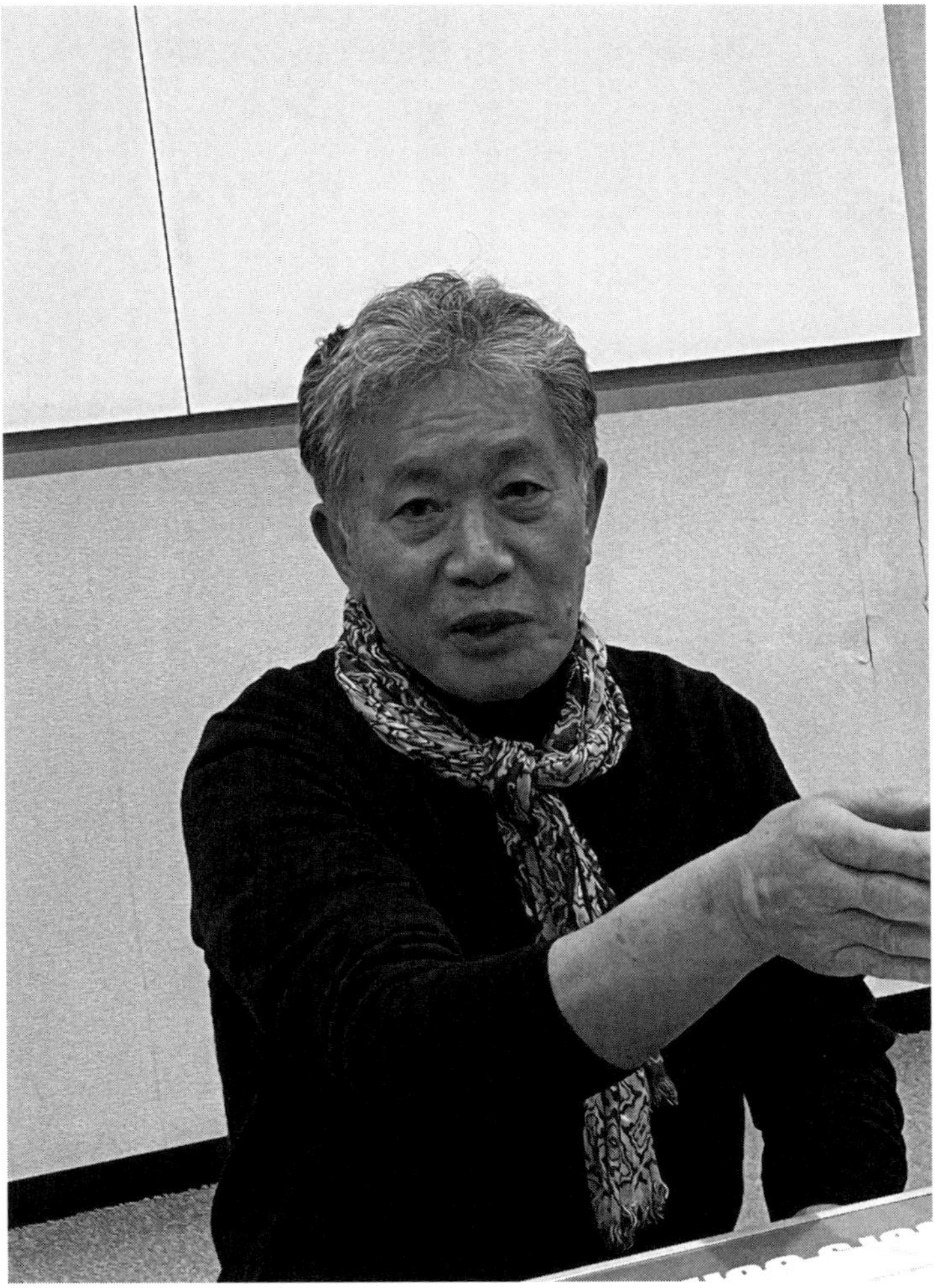

た。国というのは基本的に自給自足。日本はエネルギーが自給自足できないので、他国と繋がらなくては生きていけない国になった。方向転換して、自給しないで全部お金で買う。金儲けに特化していこうという国策に走ったわけです。

成瀬　危険なことですよ。食料自給率は4割を切っちゃってるわけでしょ。だから、何かの弾みで戦争が始まったり、パンデミックが起こったりして、サプライチェーンが止まって輸入できなくなったら……。車とかパソコンが輸入できなくてもどうだっていい。でも食料がなくなったら死にますから。

内田　基本中の基本だと思うんですよね、食料自給ができるっていうことは。フランスなんかものすごく農家にお金出してるでしょう。世界の食料マーケットに対して競争したら絶対勝てないから、もうしょうがない。でも作り続けるしかないから、国が助成金を出すから作ってくれという政策をとっている。

成瀬　それが普通ですよね。でも、お金出すからやめてくれって……。

内田　国の統治機構全体がもうあっちこっちでガタがきてるどころか腐り始めてきてて、機能不全に陥っている。僕は今の若い人の状況を、「ハックアンドラン」と呼んでいます。腐敗したシステムを利用して自己利益を獲得しようとする人、これはハック。ろくでもないシステムを立て直そうとせず、その穴を見つけて金儲けをしている。

一方で、システムの中で真面目に仕事をしてストレスが溜《た》まってメンタルが壊される前に逃げる――これはランですね。

成瀬　だから、ハックアンドラン。

内田　ラン、すなわち逃げる若者たち。日本国中でこれが起こってますよ。誰もリーダーシップをとっているわけじゃなくて、なにか理論があるわけでもないんだけれども、自発的に同時多発的に、日本中で運動が起きていますよね。僕は十数年前から「もう一極集中はやめて地方へ行ってください」と若い人たちに言ってきました。日本列島の津々浦々《つつうらうら》で生業を営んで、自給自足して経済活動があり、文化的な発信ができるというのが日本にとって一番いいことなんだから、とにかくみんな散ってくれと伝えてきました。そこからずっと観察してるんですけども、本当に若い人たちが地方に根づいて、粘菌《ねんきん》が道をつくるような感じでじわじわと繋がってますね。定点観測的に鳥取や山口、香川に行ったりして若い人たちと話をしたりしています。おもしろいことに、離れていても互いに繋がっていて、ちゃんとネットワークができている。この粘菌のような繋がり、植物的な広がりっていうのは、誰も操作してないんですよ。誰もコントロールしてないけども、自然発生的にネットワークができた。

成瀬　自然発生的ネットワークってね、必然性があるから、すごく強いと思う。

内田　人間はやっぱり命の危険を感じると逃げますよ、ランですよね。滅びゆく恐竜の足元で小型哺乳類《ほにゅうるい》が生き延びようとしている感じ。今のシステムの中では、このハックするか逃げるしかない。本能的にそれに気づいた人が逃げ出しているんです。

成瀬　身体的に気づいた人たちがね。

内田　でも僕は最後まで希望を語りたい。悲観論を語るのって簡単なんですよ。「こんな日本は一度壊れてしまえばいい」とか、ハック派の人たちは言って喝采《かっさい》を浴びていますが、それはとても危険なことです。

成瀬　トップに立つべき人がいないよね。

内田　以前大学のゼミの学生に、どんなリーダーがいいか聞いたことがあるんですよ。そのとき、「親しみがもてる」とか「等身大」といったワードが出てきた。優秀であったり、尊敬できたりするんじゃないんですよ。「共感」が優先する。まさにポピュリズム政治を支持しているので、驚いたことがあります。

成瀬　そうなんですね。

内田　でも、イノベーションというのは、思いがけないところから生まれますからね。オーストラリアやフィンランドが劇的に変わったのは女性が首相になったからです。英雄待望論というのも危険なんですけれども、ジャンヌ・ダルクのような女性政治家が彗星《すいせい》の如く現れることを夢見ています。衣食住のことがわかって、弱者に共感性の高い人がトップになれば、一気に世の中が変わるのではないかと思います。

今日は久しぶりにお話しできて楽しかったです。どうもありがとうございました。

（2024年3月　東京・五反田）

すぐにできる簡単な成瀬式瞑想法

瞑想は、特別な人のものではありません。誰にとっても、必要なものです。ほんの少しでも瞑想テクニックが身につけば、日々の生活が楽しく、豊かなものになります。想定外のことが起こっても、そのことに戸惑うことなく、落ち着いて対処できるようになるでしょう。

ここでは、誰にでもできる最も簡単な瞑想法を2つご紹介したいと思います。

目を閉じる瞑想法

瞑想の練習の第一歩は、目を閉じることです。何も特別な時間を作る必要はありません。カフェでコーヒーを待つ間、電車での移動中、トイレで用を足すときに、ほんのひととき、目を閉じてみましょう。

目を閉じると何も見えないと思っているかもしれませんが、それは間違いです。目を閉じても、模様や色彩や光など、目の前には必ず何かが見えるはずです。

目を閉じたら、まずは1分間、目の前に広がる暗がりを観察してください。その暗がりは、何メートル先まで広がっているのか、どれくらいの広さなのかを観察してください。

「暗い＝何も見えない」という安易な考えを改めるだけで、瞑想力は飛躍的に高まります。

呼吸を数える瞑想法

呼吸は、呼吸そのものを意識すること、そしてゆっくり長く吐くことが重要です。

呼吸は生まれてからずっと続けられていますが、意識されることはほとんどありません。呼吸を意識しただけで、それはゆっくりと長い呼吸になります。

そして、まず吐くことから始めましょう。息を吸ってから吐くのではなく、最初にゆっくり吐いて、そのあとに吸うのです。

「吐く・吸う」を1セットとします。息を吐いて、吸って、「1」と数えます。この要領で、目を軽く閉じて呼吸の数を数えていきましょう。坐り方は、自分が楽でいられるものならばなんでもかまいません。
50、もしくは100などの呼吸数を、事前に回数を自分で設定してください。そして、毎回、呼吸にかかった時間をチェックするようにします。
記録しておくことにより、そのデータで自分の呼吸の深さやそのときの精神状態などを知ることができます。同じ呼吸数でも、精神が安定していないと全体にかかる時間は短くなります。逆に、気持ちが安定して心が落ち着いていれば、深い呼吸になり、時間は長くなります。

空中浮揚について

私(成瀬)が、「空中浮揚」の修行に取り組んでいたのは、1982年11月から1990年4月にかけてのことです。肉体のコントロール面では、当時がピークでした。浮揚しているときには、空中に薄い膜が張ってあり、その膜にフワリと乗るような感覚があります。

写真は、「最後の空中浮揚」である1990年4月のもの。このテクニックを完成度の高い領域まで極めることができたと実感し、私はこの修行から卒業しました。

あとがき――真実を見通す力をつける

20年前、私は神戸で「倍音声明」という瞑想法の講習会を主催しました。先日、そのときの写真が、知り合いからふいにメールで送られてきたのです。それに目を凝らして見ると、参加者のなかには若き日の内田樹先生が写っていました。今より少し細面ですが、野性的な鋭い目の輝きは今とは変わりなく、異彩を放っています。

内田先生は、世間では思想家で名前が通っていますが、実は優秀な武道家でもあります。彼の思想がブームとなっているのは、この武道家である面が大きいのではないでしょうか。

また、私の仲のよい友人の一人に、今野敏さんという作家がいます。彼もまた、世の中では警察小説で知られた人気作家ですが、有能な空手家です。

内田先生、そして今野さんに共通しているのは、頭だけではなく、身体全体でものごとを深く考えられるということです。現代では稀有《けう》な能力を持つ2人だからこそ、今、世の中で強く必要とされているのでしょう。

合気道でも、空手でも、ヨーガと共通する身体操作があり、そのことを通して日々、身体を磨いている人には、心の固さがありません。逆説的ですが、身体がほんとうに柔らかい人には、心や脳が固くなることはないのです。

情報であふれた現代では、脳だけでものごとを考える人がふえているように思います。パソコンの前に坐り、インターネットで情報を受け取り、それでものごとがわかったように思う人たちです。

そんな頭だけでものごとを考える人は、現代科学で証明されていないことは信じない傾向があります。いわゆる科学信仰です。科学は絶対であり、「人間が空中に浮くなどありえない」と、断言します。

ところが、宇宙で起こっている大半の現象は、現在の科学でも証明されていることは少数です。内田先生も言うように、データやエビデンスなどというものは、現在ある計測機械の産物でしかありません。昨日まで非科学的だと思われていたことが、計測機械の精度が向上して証明できれば、それが今日から正しいことになります。つまり、エビデンスの存在を論じることには、それほど意味がないのです。

しかし、データやエビデンスが絶対視されるのは、科学の宿命です。しかし、その欺瞞《ぎまん》を見抜き、身体全体で考え、真実を見ようとしているのが、稀代の思想家かつ武道家・内田樹なのだと思います。


本書を最後まで読んで、「そうか、頭ばかりで考えるのではなく、自分も身体で考えてみなくてはいけない」と思った読者は多いのではないでしょうか。

しかし、身体で考えるとは、具体的にはどういうことなのでしょうか。頭脳を働かせないで、身体を使うことですか？

それは、単なる肉体労働です。「考える」というキーワードが抜けています。

頭脳も身体の一部です。「身体」には、「頭脳」も含まれていることを忘れてはなりません。つまり、「身体で考える」とは、自分の持つありったけの総力を駆使して、ものごとを熟考するということなのです。

そのためには、ヨーガや合気道などが役立ちます。身体の声を聴き取ることができるようになれば、ものごとの「ほんとうのこと」を見通せるようになるのです。他人に頼らず、自分の感性、自分の頭で判断できるようになります。

それが、「身体で考える」ということの本質ではないでしょうか。

身体で考えるようになるためには、まずは自分の身体を大切に扱うことです。自分の身体を粗末に扱う人は、心にもほころびが生じ、豊かな人生を送れません。

私は、「肉体は神様からの借り物」だと思っています。神様という言葉に抵抗があれば、「宇宙」や「大自然」などと置き換えてもらえばいいでしょう。死んだら、魂は肉体から離れますが、肉体は神様に返さなければならないと思っています。

肉体が借り物であるのならば、それを大切に使い、なるべく傷みや汚れのない状態で神様に返したいと思っています。借り物を粗末に扱うのは、非常識な行為です。

私はそうした考えのもと、自分の身体のメンテナンスを怠らないようにしています。90歳だろうが100歳だろうが、神様にお返しするときには、傷みも汚れも極力少ない状態で返したいのです。

肉体を大切に扱えば扱うほど、心の柔軟さが増してきます。心身が柔軟になると、人生の楽しみが倍増していきます。

人生は、アッという間の時間で、長くてもたかだか100年ほどです。その時間を楽しまないのはもったいないですし、肉体を貸してくれた神様にも申し訳ない。借り物の身体をフルに活用して、限られた時間を目いっぱい使って人生を謳歌《おうか》すべきなのです。

内田先生は、今年の3月末で大学を辞めて、武道家を真ん中に据《す》えた新たな人生を堪能《たんのう》するといいます。私も今年から、小説という新たな表現ジャンルが加わったので、これまで以上にたくさん楽しみ、人生を謳歌しようと思っています。

本書を手に取ってくださったあなたも、内田先生と私が目をまわすような、身体で考える楽しい人生をお送りください。本書がその方向へ踏み出すきっかけになれば、私たちは幸甚《こうじん》です。

成瀬雅春

新版のためのあとがき

私はヒマラヤのゴームク（標高3892メートル）での修行を続けてきました。それを知って「サラリーマンが向いていないと思うのでヒマラヤで修行したい」と言って私の教室を訪ねてくる人がいます。

しかしサラリーマン生活から逃げるような人にはヒマラヤでの修行は無理です。そしてもう一つの表現をするなら、ヒマラヤ修行よりサラリーマンのほうがある意味で厳しい修行だとも言えます。

どんな環境でもどんな職業でも、生きていくというのは、それなりの厳しさがあります。だから修行の場という点では、ヒマラヤでも都会でも一緒なのです。

都会生活に嫌気がさして、自然豊かな田舎に移住する人がいます。でも、本当は都会生活も充実していて、さらに充実した生活をするべく田舎に移住するのが理想的です。

もっと言えば、都会だろうが田舎だろうがたとえ戦場だろうが、現在いる場所で、最善を尽くせばいいのです。何をどう最善を尽くすのか？　は、身体をフルに使いこなすということです。この場合の身体には、心も含まれています。脳も身体だし、感情も身体だし、意識も身体だと考えてください。

ほんの少し身体に注目してみてください。そうすると、緊張している部分や凝《こ》っている部分、痛みのある部分などが見つかります。見つかった瞬間から、その緊張や凝りや痛みは、解放され緩和される方向に向かいます。これは日常的に違和感のある部分ではなく、通常気づかないけれど、意識を向けたときに見つかる部分のことです。

それを見つけることによって繊細に身体の状態を知ることになり、身体を使いこなす能力が飛躍的に向上するのです。ぜひとも、普段気づいていない自分の身体を発見して、豊かで充実した人生を獲得してください。

成瀬雅春

内田 樹
（うちだ・たつる）

１９５０年東京都生まれ。凱風館館長、神戸女学院大学名誉教授、芸術文化観光専門職大学客員教授。合気道凱風館師範（合気道七段）。東京大学文学部仏文科卒、東京都立大学人文科学研究科博士課程中退。専門は２０世紀フランス文学・哲学、武道論、教育論。主著に『ためらいの倫理学』、『レヴィナスと愛の現象学』、『寝ながら学べる構造主義』、『先生はえらい』など。第六回小林秀雄賞（『私家版・ユダヤ文化論』）、２０１０年度新書大賞（『日本辺境論』）、第三回伊丹十三賞を受賞。近著に『勇気論』、『図書館には人がいないほうがいい』など。

内田 樹の研究室
http://blog.tatsuru.com/

X(旧ツイッター)
http://x.com/levinassien

成瀬雅春
（なるせ・まさはる）

ヨーガ行者。ヨーガ指導者。 成瀬ヨーガグループ主宰。倍音声明 協会会長。ハタ・ヨーガ（身体を動かすヨーガ） を中心に独自の修行を続け、1976年からヨーガの指導を開始。2001年、全インド密教協会から、「ヨーギーラージ」（ヨーガ行者の王）の称号を授与された。「アーカーシャ・ギリ」（虚空行者）の修行名で、毎年、標高 4000メートルのヒマラヤで修行を続けている。『心身を浄化する「倍音声明」CDブック』、『死なないカラダ、死なない心』、『インド瞑想の旅』、『ヨーガ奥義書　身体、呼吸、瞑想、そして人間の究極…ヨーガ人生60年集大成』など著書多数。

成瀬ヨーガグループ
http://www.naruse-yoga.com/

この作品は二〇一一年六月マキノ出版より
『身体で考える。』というタイトルで刊行された。
増補版にあたり「第5章　3.11から13年経って」を新たに収録して再編集のうえ、改題した。

街場の身体論

2024年10月2日　初版第一刷発行

著　者　内田 樹、成瀬雅春
発行者　三輪浩之

発行所　株式会社エクスナレッジ
〒106-0032　東京都港区六本木7-2-26
https://www.xknowledge.co.jp/
問合先　編集 TEL.03-3403-6796　FAX.03-3403-0582
販売 TEL.03-3403-1321　FAX.03-3403-1829
info@xknowledge.co.jp